育児の悩みスッキリ解決！

子どもの
早寝メソッド

文：19時消灯ママ れーこ

漫画・イラスト：愛田あい

はじめまして！
19時消灯ママ れーこです

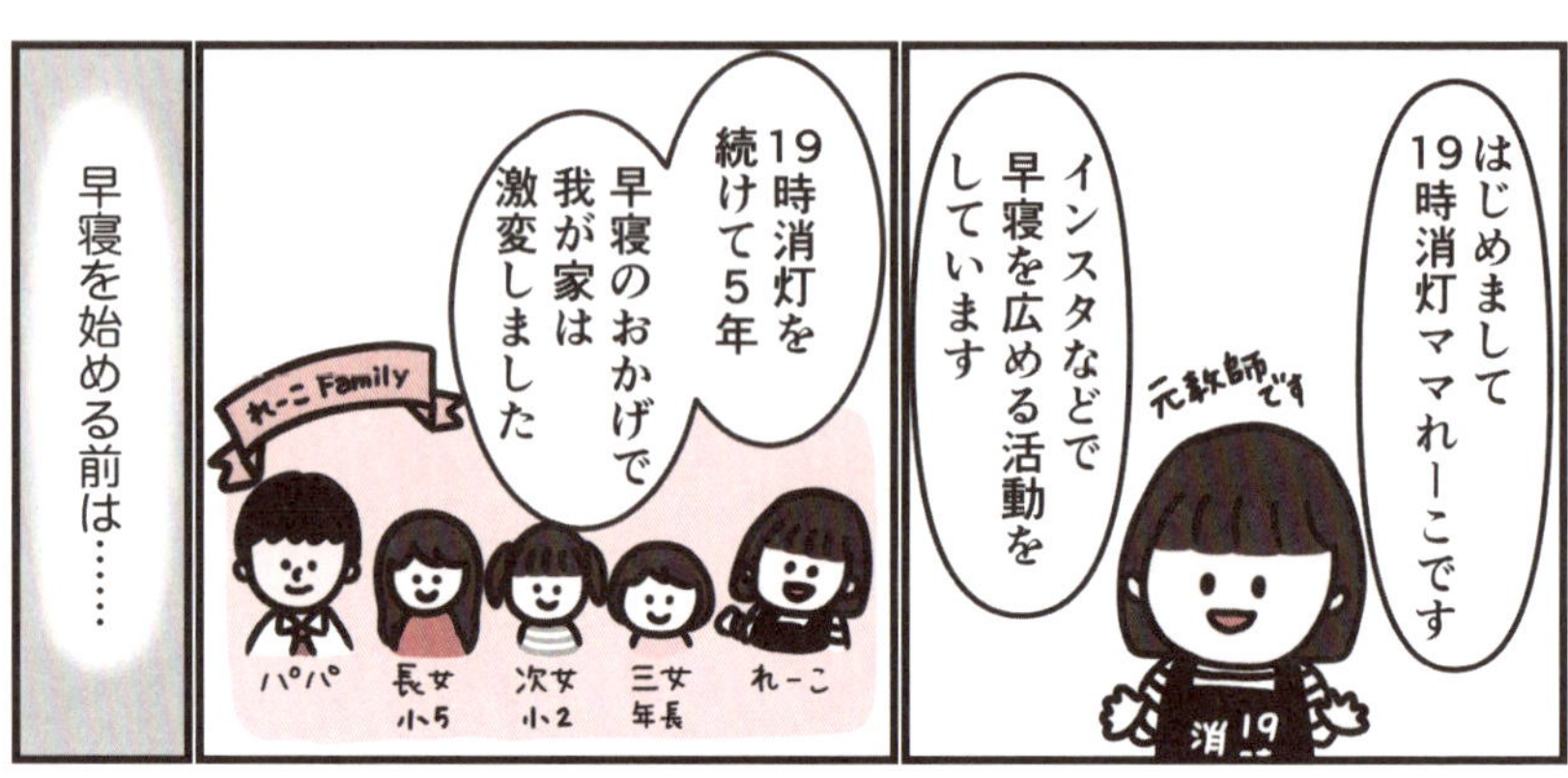

このままじゃいけない
こんな毎日抜け出したい！
夜頑張れないなら
ホラ起きて!!
ガタン
朝起きられないなら
早く寝てしまえばいいのでは？

そこから試行錯誤を重ね
20時を目指してみたり
ねるよー!!
家事をすべてすませてから消灯してみたり
オリャアアアアァァ
たどり着いた我が家のベストが19時消灯でした

早寝の効果は予想以上でした
次女
イヤイヤや癇癪が激減
三女
風邪をひかなくなり通院が激減
長女
自分で朝起きてピアノ練習をするように

なにより
私の自由時間は
ゼロから4時間に！
イライラが減り
子どもに優しくなれて
育児に自信が
持てるようになりました

私に余裕が生まれると
夫婦ゲンカも減っていき
家族みんなの
笑顔が増えました
間違いなく
早寝が我が家を
変えたんです

そういえば……
教員時代 寝不足の子や
疲れている子が
とても多いと感じていました
塾に…
習い事に…
メディアに…
あのときは
気づかなかったけれど
まだ
授業中
だぞー

それは 早寝を始める前の
我が子の姿そのままで
ギャアアアアア
落ち着きがない
イライラ
無気力
ボー
睡眠不足がいろいろな問題を
引き起こしていたのかも……

早寝が
子育てを
ラクにする……？
ハッ

19時
消灯
ひらり
ひらり

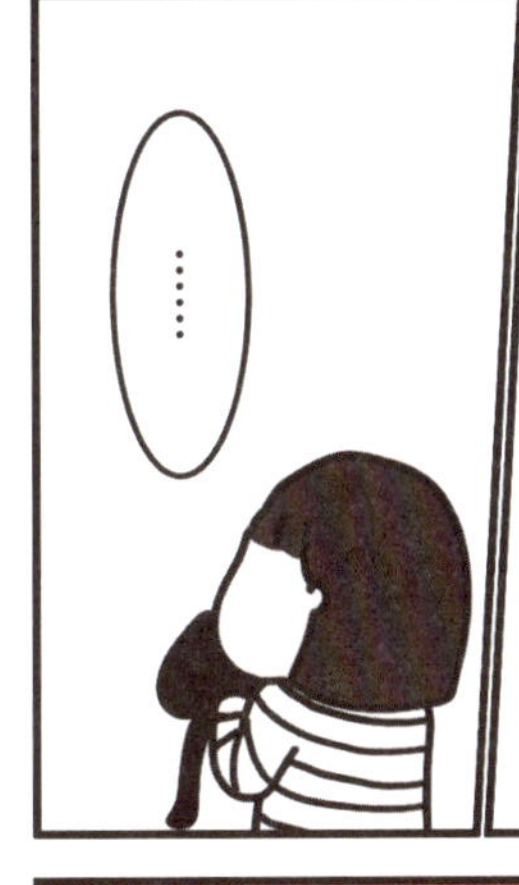
……

きっとあの日の私と
同じママが日本中にいる
そんなママたちに
早寝でラクになった
経験を伝えたい……！
ギュッ

これからこの本で
早寝の良さを
お伝えできたらと
思います！
19時
消灯

育児の困りごと・モヤモヤありませんか？
それ、すべて早寝で解決するかもしれません

この本では、19時消灯ママ れーこが蓄積した 早寝のメソッドのすべてを公開します！

SNS総フォロワー数は約10.5万人

「早寝をしてみたら楽になったよ！」 れーこ家の暮らしを紹介

小5・小2・幼稚園年長の三姉妹を持つママ。かつては、子どもたちのイヤイヤ、ぐずり、体調不良など、子育てがうまくいっていないことに悩んでいました。子どもたちを観察することで、「睡眠不足なのでは!?」と気づき、3人とも**19時に消灯する日々を、4年間実践中！　あらゆる育児の問題が解消し、家族全員が笑顔になりました。小学校教員として多くの児童を見てきた経験からも、早寝のメリットを感じています。**その経験に基づき、InstagramやVoicyで早寝のメリットと早寝を叶えるためのメソッドを発信中！

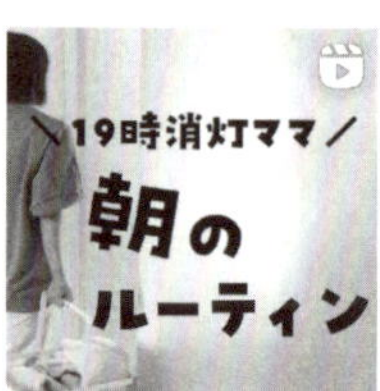

オンラインサロン 『G's Community』で「早寝部」活動中！

卒部者の98.6%が
早寝達成！

98.6%

子どもを早く寝かせたいと願っているたくさんのママたちが集い、**「今より30分早く子どもを寝かせよう！」を目標**に、部活動のように切磋琢磨しています。参加部員は、**のべ約130人！**　入部前は22時や23時に消灯だった方も、みなさん、**自身の目標を達成して卒部！　早寝で子どもが変わる、自分自身も変わる、家族みんなの生活が楽になるといった早寝のメリットを実感してくださっています。**

早寝で、子どもも親も笑顔に！
家族全員の幸福度がアップします！

「早寝部」で早寝を叶えた方たちの声

熱を出すことが減り、
保育園の呼び出しに
おびえなくなりました（笑）。

今まで寝るのを
嫌がっていたのに、
自分から「寝る！」
と言うようになりました。

我が子は寝るのが嫌いだと思っていましたが、勘違いでした。寝るようになって驚いています。

毎日、叩き起こしていたのに、
自分から起きてくるようになりました。
寝起きからご機嫌です。

我が子は生まれたときからショートスリーパーだと思っていたけれど、勘違いだったようです。

子どもに大きな変化が！

イヤイヤや癇癪が減り、一日中ご機嫌に。家族の笑顔が増えました。

何年も不登校に悩んでいましたが、早寝を始めてから学校に行けるようになりました。

たくさん食べるようになり、排便のリズムも整いました。

勉強も遊びもスポーツも、
今まで以上にやる気と集中力が
上がりました。

毎日のイライラや子どもを怒る回数が減り、私自身のストレスが激減しました。

フルタイムだから無理だと諦めていたけど、
20時台に消灯
できるようになりました。

家族の生活にメリハリがつき、心に余裕ができました。

ママと家族の暮らしも激変！

夜に自分の時間ができ、子どもに優しく接することができるようになりました。

早く寝かしつけているのに、なぜか
子どもと向き合う時間は増えました。

はじめに

本書を手に取ってくださり、ありがとうございます。最初に、早寝についていくつかのことを、お伝えしたいと思います。

子どもを早寝させることは、誰にでもできる

この本は、ズボラに子育てしたい方に、とくにおすすめしたい一冊です。

「早寝させること」と「ズボラ」は、真逆のように感じるかもしれませんが、超絶ズボラの私が、ズボラを極めた先に出会った方法が早寝なので、間違いないと断言できます（笑）。

私のInstagramを見たことがある方は、少し驚くかもしれません。そこでは、「整った」イメージを発信していますが、実際の私は、家事もできるだけ手を抜きたいと思っています。もし、洗濯物を足でつかむ選手権があれば、優勝する自信があります（笑）。しゃがむことすら面倒に感じるほどのズボラママです！

そんな私がたどり着いた「最強のズボラ育児法」こそが、子どもを早く寝かせることでした。

早寝は、子育てを効率よく進めるための最短ルート

「うちの子は寝ない」「体力オバケだから無理」「ショートスリーパーで寝ない」「仕事が終わるのが遅くて不可能」といった声が聞こえてきそうです。多くの方が、早寝に挑戦したもののうまくいかず、挫折した経験があるのではないでしょうか。

私もかつては同じでした。20時に寝かせようと頑張っても、結局消灯は22時。そんな状況に「早寝なんて不可能だ」と感じていました。

しかし、育児の悩みや家庭でのトラブルが増えたことをきっかけに、早寝を実行したところ、子どもたちの癇癪やイヤイヤが減り、勉強も遊びも充実。さらに自分の自由な時間まで手に入れることができたのです。子どもたちはたくさん食べるようになり、風邪も引かなくなって、通院も減りました。早く寝るようにしただけで、まるで魔法のような出来事が次々と起こったのです。

早寝は子育てを楽にする

私がやったのは、「子どもをなるべく早く寝かせる」というたった一つのこと。それだけで、育児が格段に楽になり、ストレスが軽減しました。

その方法と効果をＩｎｓｔａｇｒａｍでシェアしたところ、同じように子どもの「早寝」に成功したという報告が次々と届くようになりました。「うちの子が早く寝るなんて信じられない」「早寝のおかげで子育てが楽になった」という声が、今も日々寄せられています。

誰にでも、どんな状況でも、早寝は実現可能です。ワーママでも、ワンオペでも、子どもが小学生でも中学生でも、できるのです。できない理由は、やり方を知らないだけ。やり方さえ知れば、決して難しいことではありません。

この本では、「楽しく、効率よく子育てをするための、早寝の方法」を詳しく解説していきます。ぜひ、ご参考にしてください。

CONTENTS

第2章 早寝のためのたった3つの必勝テク 共働き、ワンオペでも大丈夫！ 39

第3章 早寝を極める8つのステップ

完璧な早寝を目指したい方のために

第4章 早寝を続けるためのルーティン

家事に完璧を求めず、ママも家族もみんな幸せに 83

第5章 早寝Q&A こんなときどうする？ みなさんの疑問に答えます 111

30日で早寝が叶うワークシート 共働きでも、ワンオペでも、ズボラなママでも大丈夫！ 125

第1章

早寝が子どもを幸せにする

早寝は子どもにも親にもメリットがいっぱい。
子どもは一日中機嫌がよくなり、勉強にも積極的に。
親は育児のモヤモヤが激減し、
家族全員の幸福度がアップします！

育児の「困った」が
解決！
家族全員が笑顔に

育児の悩みは睡眠不足が原因だった？
早寝で子も親も笑顔に

よる子さんの悩みって
おちつきがない
宿題やらない
イライラする
自分の時間がない
どれも早寝が解決してくれるかも
えっ……早く寝るだけで?
そう! 想像してみて

早寝をするだけでこんなふうに変わるなら……
学習態度が変わったり
情緒がおちついたり
ママの自由時間がたっぷりとれたり
朝の時間に余裕ができたり

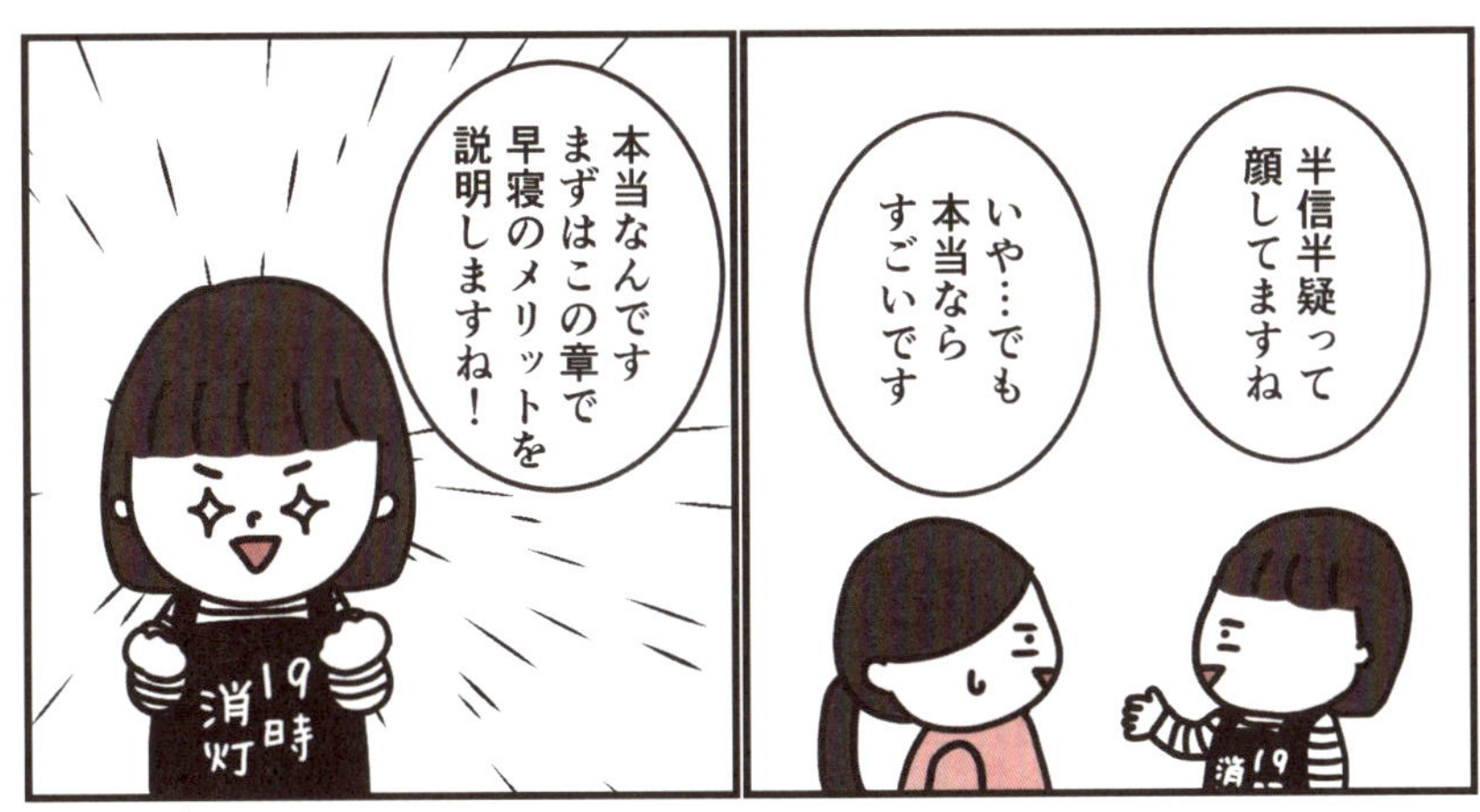
半信半疑って顔してますね
いや…でも本当ならすごいです
本当なんです まずはこの章で早寝のメリットを説明しますね!
19時消灯

メリット1

イヤイヤ、癇癪、不機嫌が激減！早寝で子も親もご機嫌に♪

我が家は、小5、小2、幼稚園年長の三姉妹家庭です。4年前に早寝を始めたきっかけの一つは、次女の幼稚園入園でした。それまでは三女と一緒にお昼寝していた次女。入園と同時にお昼寝がなくなり、睡眠が足りない状態になってしまったのです。そのため夕飯前後に眠くなり、食べている途中で寝てしまうこともありました。眠くなると機嫌も悪くなり、私が家事を進めたくても進められないことが増えました。

しかも当時の次女は、イヤイヤ期まっただなか。ぐずりだすと手がつけられないほど泣いて大暴れです。そんな次女に私はイライラしてしまい、怒ってはいけないとわかっていても、大声を出す毎日に……。

「とにかく、この負のループから抜け出したい。そのためには、眠たくなったらすぐ寝かせられるように準備をしよう」

そう思うようになりました。

そこから、帰宅後はとにかくすぐに子どもをお風呂に入れて、夕食を食べさせることだけに集中しました。そして眠そうだったら、次女だけでも先に寝かせるようにする。それを毎日繰り返したのです。

すると徐々に次女の寝落ちがなくなり、気づけばイヤイヤや癇癪も激減！　次女が落ち着いたことで、きょうだいゲンカも減りました。私自身も、帰宅後にイライラすることがなくなったのです。

もしお子さんのイヤイヤや癇癪に悩んでいたら、それはお子さんの睡眠不足が原因かもしれません。もちろん、成長による自己主張であることは間違いないのですが、たっぷりと寝かせてあげることで軽減する場合もあると思います。手がつけられないほど大変！　そう感じたときは、一度早寝をさせてみてください。

メリット2

目覚ましなしで起きられる 登校・登園しぶりもなくなる！

4年前、次女の幼稚園入園と同時に長女は小1になりました。小学校は幼稚園よりも登校時刻が早いため、それまでより1時間早く起きる必要があります。長女は幼稚園ですら遅刻寸前でしたから、入学後はそれまで以上に朝、起こすことに苦労しました。

「この子は朝が苦手なタイプなんだ」

と私は思っていました。ですが長女は下校後も疲れきっていて、泣きながら宿題をやることもしばしば。朝も帰宅後も、一日中不機嫌だったのです。

「もしかして、睡眠が足りていないのでは？」

長女も次女と同じように早寝をさせて、11時間程度の睡眠時間を取れるようにしてみました。

効果は絶大！　朝、私が無理矢理起こさなくても、6時頃には自分で機嫌よく布団から出てくるようになりました。以前は朝ごはんを摂らせるのにも一苦労でしたが、時間に余裕ができて、自然とたっぷり食べられるようにもなりました。

朝が苦手だと思っていたのは、勘違いだったようです（笑）。

我が家の長女のように、お子さんが「朝が苦手」「朝、自力で目覚めてこない」、そんなお悩みの解決には、早寝が効果的かもしれません。

私がオンラインコミュニティーで部長を務める「早寝部」では、不登校だった中学生が、早寝に取り組むことで朝起きて学校に行けるようになったという報告もありました。登園・登校しぶりや不登校にはさまざまな要因がありますが、親ができる対策の一つとして、早寝による睡眠不足の解消があると思っています。お子さんの登園・登校しぶりに困っていたら、早寝を試してみてください。

メリット3

体調不良が改善！風邪をひきにくくなり、通院が減る

育児のトラブルといえば、子どもの体調不良もありますよね。お子さんが風邪をひきやすいことに悩んでいる方も多いと思います。我が家も早寝を始める前は、姉妹3人ともよく風邪をひいていました。毎週のように、小児科・耳鼻科に通わなくてはいけない。幼児二人と乳児を連れての病院通いは、とても大変だった記憶があります。でも、当時の私はそれが当たり前になってしまっていました。子どもは風邪をひくものだし、そうやって体が強くなっていくと思い込んでいました。

ところが早寝を始めると、この状況も激変！　子ども3人とも体調を崩すことが減り、通院も少なくなっていったのです。実は私、はじめはこれに気づいていませんでした。

「久しぶりだね。元気だったんだね」

長女が病院に行ったときに、小児科の先生に声をかけられてハッとしました。子どもたちはそれぞれ成長しているので、早寝のおかげだけではないかもしれません。しかし、早寝を始めたのを境に子どもたちの体調が大きく改善したのは間違いありません。

また、私のInstagramやVoicyなどのフォロワーさんからも、

「早寝を始めて子どもが風邪をひかなくなった」

とメッセージをいただきます。早寝開始から3ヵ月目くらいで気づく方が多いようです。

子どもの体調不良が減ると、親にとってのメリットも大きいですよね。看病する時間も通院時間も減り、何より不安がなくなる。仕事を調整する必要もありません。子どもの看病は「名もなき育児」の一つです。早寝は、「名もなき育児」すら軽減する効果があるのです。

メリット4

子どもの学習態度が積極的に！朝のおうち学習も可能になる

長女が小学校に入学して間もない頃、私は彼女が勉強をやらないことに悩んでいました。帰宅後すぐに宿題に取りかかってほしいのに、一向に始めようとしない。何度声をかけても、動かない。

そこで私は気づきました。

「長女は勉強が嫌なのではない。疲れているんだ」

実際、長女は宿題どころか何も手につかない様子。そこまで疲れきっているのであれば、もう寝るのが一番。このことも、早寝を始めるきっかけの一つになりました。

早寝を始めると、たくさんのことが朝できるようになったのです。起床から登校まで、2時間ほどの余裕が生まれ、夕方やっていたピアノの練習や家庭学習はこの間にできるようになりました。

朝は頭がすっきりしていて、夕方よりも効率よく学べるようです。帰宅後は宿題だけをやればよくなり、夕方にも余裕ができました。

ピアノの練習も、朝に変えたことで上達スピードが上がったと感じます。練習時間が同じでも、朝のほうが集中できるようです。5年生になった今も、朝は譜読み、午後はフレーズの反復など、本人なりに練習方法を工夫しているようです。

また、授業態度にも変化がありました。以前の長女は登校するのがやっとで、授業に積極的に参加する様子はありませんでした。授業参観に行っても、手を挙げることも、声を出すこともなかったのです。しかし早寝を始めると、授業中にしっかりと話を聞き、内容が理解できるようになりました。発言も増えて、行事で代表に立候補するまでに変化していったのです。

メリット 5

ママは自分時間の確保ができる！メリハリのある育児が実現可能に

早寝は子どもを幸福にするだけではありません。実は、**親にも大きなメリット**があります。

8年の専業主婦を経てパートタイムを始めた私は、久しぶりの社会とのつながりに充実感を覚える一方、**いつもイライラ**していました。仕事から帰宅したら、たまった家事を片づけなくてはいけない。休憩もできず、パートと育児・家事に手一杯で、**自分の時間がほとんどなかった**のです。

当時の私は、夫がのんびり過ごしているだけで「ずるい」「なんで私ばっかり……」と思うようになっていました。イライラしたくないのに、心に余裕がなくて、自分の感情が抑えられない。

「このままではいけない……」

この状況を変えなければ、と思ったのも早寝を始めた理由です。

子どもが早寝をするようになると、苦もなく自分の時間が確保できるようになりました。**子どもが寝たら、その後はもうシンプルに親の自由時間**なのです。

「今日はたくさんドラマが観られる♪」

と、夫と喜んだ記憶があります。

子どもが起きている時間は子どもに全力を注ぎ、寝かしつけた後は自分の時間。その切り替えができたことで私のストレスはなくなり、**家族と笑顔で過ごせる時間が増えました。**子どもが幸せなら親も幸せ、家族全員が笑顔になる。それが早寝のパワーなのです。

メリット 6

自ら学ぼうとする子に育つ！教員経験に基づいた早寝の利点

私は**常勤・非常勤を合わせると9年間の小学校教員の経験**があります。担任したのは、2年生以外のすべての学年。特別支援学級にいたこともありました。

そんな教員時代、**疲れていたり、イライラしたりしやすい子どもが多い**と感じていました。とくに習い事や塾通いで忙しい高学年の子どもに、こういった傾向が強いようでした。授業中もやる気が起きず、注意される回数も増えていきます。

この原因の一つは、やはり**睡眠不足**ではないかと思うのです。習い事や塾から帰宅後、ゲームやテレビを観て夜更かししてしまう。そんなことも多いのかなと想像しました。

睡眠不足になると集中力も下がります。**集中力の低下は、成績にも悪影響**を及ぼします。学校、塾、自宅学習と勉強時間は長いのに、集中できていないから頭に入らない。ゆえに成績が上がらないといったパターンに陥ってしまうのです。

集中して取り組むこと、話をしっかりと聞くことは、学ぶ上で非常に重要です。そしてそれができるかどうかは、子どもの生活習慣が大きく関わっていると感じます。

余った時間で睡眠を取るのではなく、先に睡眠を確保する。この意識さえあれば、睡眠不足になることは防げるはずです。すると、**起きている時間を効率的に過ごす**ことができる。集中力がアップして、より多くのことを授業から学べると思いますし、学習態度も積極的になるのではないでしょうか。人間は、寝ている間に記憶を定着させるとも言われています。**しっかりと寝ること＝早寝も学習の一部**なのではないかと思います。

よく寝て、よく食べて、よく笑う子に育てる。それこそが、**自ら学習しようとする子になる最短ルート**なのだと、私は思っています。

対談 寝ることの幸せを実感してほしい

れーこ×成田奈緒子先生

（小児科専門医・医学博士・公認心理師）

子育て支援事業「子育て科学アクシス」を通じて、不登校や発達障害などの悩みを持つ、延べ7000人以上の親子の問題解決にあたってきた成田奈緒子先生。育児や教育についての著書も多く、その中で強調されているのは、きちんと睡眠をとることの大切さです。先生を尊敬してやまないれーこさんと、子どもの脳の発達、メンタルへの影響など、さまざまな角度から睡眠について語っていただきました。

写真：安田光優　取材・文：松井美緒

学習、メンタル、体調 あらゆる問題は睡眠で解決できる

――れーこさんは、早寝を実践する上で、睡眠に関する本をずいぶんたくさん読んだそうですね？

れーこ　そうなんです。うちはもともと、子育てが全然うまくいっていなかったんですね。小学1年生の長女は学校から帰ってきたらぐったりしているし、幼稚園に入った次女はイヤイヤ期まっただ中。ケンカもひどくて、家の中がぐちゃぐちゃでした。なんとかしたいと子どもたちを観察しまくった結果、「睡眠不足が原因に違いない！　早寝しよう」と。

成田　そこで睡眠不足に気がついたのがすごいですね。

れーこ　そんな、ありがとうございます。早寝を始めたら、すべてがうまくいって。その驚きをInstagr

amで発信するようになったんです。そのうちにフォロワーさんからも早寝についての質問をいただくようになって、我が家の経験をただお伝えするだけではダメだなあと。それで睡眠についての本を手当たり次第に読んで。寝かしつけ、子どもの睡眠、メントレ、自律神経との関わり……。

成田　そうだったんですね。

れーこ　先生の『子どもが幸せになる「正しい睡眠」』（共著、産業編集センター）を拝読したときに、「これだ！」と感動しました。うちの三姉妹がなぜ早寝で変わったのか、どう変わったのか、ここにすべて書いてある！と。もう奇跡の一冊だと思いました。それからずっと先生に憧れています。

成田　ありがとうございます。この本では、**ぐずり、体調不良、食べない、便秘など子育ての悩みの代表事例**を取り上げています。

──先生は、２０１４年に子育て支援事業「子育て科学アクシス」を立ち上げられましたね？

成田　ええ。悩みを抱えた、たくさんの方たちが私のところにはいらっしゃいます。

れーこ　かつての私のような。

成田　世代も幅広いです。４～５歳から50代まで。不登校のお子さんを持つ親御さん、発達障害の方、引きこもりの青年……。

れーこ　本当にいろいろな方たちが相談に訪れるんですね。

成田　みなさん、**睡眠さえ見直せば、改善する確率は極めて高い**です。学習・運動能力の問題、メンタルの不調、体調不良など、あらゆることが睡眠で解決できます。

れーこ　やっぱり睡眠はすごいですね。

成田　**睡眠なら、医療機関に行く前に取り組めます**よね。お金もかかりませ

なりた・なおこ

1963年、宮城県生まれ。小児科専門医・医学博士・公認心理師。「子育て科学アクシス」代表、文教大学教育学部教授。神戸大学卒業後、米国セントルイス・ワシントン大学医学部や筑波大学基礎医学系で分子生物学・発生学・解剖学・脳科学の研究を行う。臨床医、研究者としての活動も続けながら、医療、心理、教育、福祉を融合した新しい子育て理論を展開。著書に『子どもが幸せになる「正しい睡眠」』（共著）、『高学歴親という病』『「発達障害」と間違われる子どもたち』など多数。

んし、むしろ節約になります。小児科医ができることって、限られていて。薬を出すことくらいなんです。それで対応できる場合もあります。でもその前に、睡眠。それでダメだったら、お医者さんに相談。そういう順番にしていただけるといいなと思います。

れーこ　私が小学校の教員をしているときに、お子さんが発達障害かどうかで悩んでいる親御さんがかなりいらっしゃいました。当時は考えが至らなかったのですが、そういう子たちも、十分に睡眠をとったら、もしかしたら変わっていたのかな、と今は思います。

成田　発達障害と診断がつく子でも重度の自閉症の子でも、きちんと寝ると全然状態が違います。そういう例はたくさん見てきました。どんな子でも、というか年齢に関わらず、どんな人間でも、まずは寝ることです。

子どもだけじゃない ママにもっと寝てほしい

れーこ　SNSで発信を続ける中で、子ども以上にそもそもママが寝不足なんじゃないかと、最近思い始めました。

成田　その通りです。子どもだけじゃない、ママが寝ないとダメです。「アクシス」も、やっていることは親御さんの支援なんです。親御さんに子どもの話をして、親御さん自身に変わってもらう。自分が楽になって自分が楽しくなる。そういう体と心の変化を実感できたら、「子どもにも絶対にやらせたい！」と思うじゃないですか。

れーこ　なるほど。育児本など育児の情報は、親ではなく子どもが主体ですもんね。

成田　育児本を悪く言うわけではないのですが、それを見て必死に頑張る真面目な親御さんが多すぎる。凝ったご飯を作ったり、持ち物にアップリケをしてあげたり。子どもの年齢が上がったら、中学受験準備。そのために睡眠時間を削るなんて、本末転倒です。ママの心身の状態が悪くなってしまいます。

> **どんな子でも、というか年齢にかかわらず、どんな人間でも、まずは寝ることです。**
> （成田先生）

れーこ　寝ないとイライラしますよね。

成田　ええ。イライラすると、子どものちょっとしたミスも許せなくなります。

れーこ　習い事を詰め込むのも、ママも子どもも寝られない一因かなと思います。

成田　そうですね。夕方4～5時くらいに学童保育から子どもをピックアップして、その後2つも習い事を入れていたりする。塾の夏期講習で自宅に帰るのが夜11時くらい、というお話も聞きます。

れーこ　それにずっと付き合うママは大変ですよね。

成田　**ママにはもっと、楽になってほしい**と思います。今は多分、情報過多なんでしょうね。あと、少子化。この子しかいない、失敗できない、と親御さんが必死になってしまう。

れーこ　ご自身の〝子育ての軸〟がない親御さんが多いのかもしれませんね。だから情報に流されて、自分の自己肯定感までもが低くなってしまう。

成田　睡眠は、1つの〝軸〟ですね。以前、小学3年生で心が折れてしまった子どもの相談を受けたんです。親御さんには、寝ることだけを子どもに言うようにお願いしました。それ以外は一切、口出ししない。寝ることをただ実践するだけなんですが、結果、「なぜか**子どもの成績が上がりました！**」と。

寝ない、食べないは連動している

れーこ　私のInstagramは早寝がテーマですが、**「子どもが食べない」**という悩みを、フォロワーさんからよくいただきます。

早寝を始めたら、
すべてがうまくいって。
その驚きをInstagramで
発信するようになったんです。
（れーこ）

「寝て、起きて、お腹空いた」ができる脳を作らなくてはいけない。（成田先生）

成田　**寝ることと食べることは連動している**んです。

れーこ　そうなんですね！

成田　幼児期の子育ての悩みで一番多いのが「寝ない、食べない」。これも先ほどの真面目すぎる親御さんに通じるんですが。生まれたときから**子どもを観察していれば、その子のリズムがわかる**はずなんです。何時頃ミルクをほしがるのか。でも育児本に「ミルクは12時に」と書いてあると、その時間に無理矢理飲ませようとしてしまう。子どもはまだお腹が空いていないのに。

れーこ　先生は『子どもの隠れた力を引き出す 最高の受験戦略』でも、**子どもを観察する大切さ**を書いていらっしゃいますね。

成田　それとやはり、ママのイライラです。頑張りすぎてイライラしているママに、「一生懸命作ったんだから食べてちょうだい」と圧をかけられたら、子どもは食べる気が失せますよね。

れーこ　Instagramでも、お子さんが食べるのに1時間以上かかるというフォロワーさんが結構いらっしゃいます。

成田　お腹が空いているタイミングでご飯を出せば、子どもはバクバク食べるんです。そのときに親御さんが、「ご飯、おいしいね〜！」と**楽しそうに声をかけてあげる**と、子どもも食べるのが楽しくなります。

れーこ　**空腹と楽しい。**その2つがポイントなんですね。寝ることも同じですよね。親が「早く寝ろー！」と躍起になったら、子どもは寝ません。「今日一日、気持ちよかったね〜」と**親が寝れば、子どももスッと入眠**します。

成田　そうそう。自律神経に関わることです。交感神経が緊張している状態の子を寝かしつけようとしても、寝るわけがない。例えば、サバンナで親羊が子羊を寝かせるとき。「ライオンもここには来ない。安全だよ」と親羊たちが囲ってあげると、子羊は親羊に寄り添ってすやすや寝ます。人間も動物です。一生懸命すぎて筋肉が強張った親に「ねんね、ねんね」と言われたら、寝るどころか逆に怖いです（笑）。「今日は楽しかったね〜。お母さんも眠くなってきた〜」って、**ママもふにゃ〜とリラックスすればいい。**すると子どもは、「ここは安心できる場所だ」と副交感神経が働いて、眠くなるんです。小学5年生の子どもにも、これは効果的でした。

れーこ　そんなに大きなお子さんにもですか？

成田　ママが**「もう寝るわ〜」と眠い演技**をして布団に入ったら、その子も、「私も〜」と一緒に寝たそうなんです。それまでゲームをして、ずっと起きていたのに。

「からだの脳」を育てるためにはよく寝て、よく食べる

れーこ　『子どもの隠れた力を引き出す最高の受験戦略』の中で、先生が**「5歳までの子育ては『立派な原始人』を目指す」**と書かれていたのが、印象に強く残りました。実は私も、**「縄文人の生活」**を目指しています。教員時代、すごく思い悩んでいた時期がありまして。どうすればいいのか考えながら、ビルの間を歩いていたんです。そのときふと、「縄文時代は、こんなコンクリートもアスファルトもなかったはず。私も縄文時代に戻ろう」と思ったんですね。それで、住まいも緑の多い場所に変えたりして。そうしたら、だんだんストレスも減ったんです。

成田　**「5歳までの子どもは原始人」は、小児科学からいうと当たり前のこと**なんです。

れーこ　そうなんですね！

成田　ヒトは、魚類、両生類、哺乳類と進化する過程を経て誕生しました。子どもがお母さんの胎内にいるときも、この系統発生と同じ過程をたどり、ヒトの形になって生まれます。そのとき、**人間の子どもはすごく未熟**な状態なんですね。馬は生まれたらすぐに立てるでしょう。人間の子どもはそんなことできない。

れーこ　なるほど。

成田　その未熟な状態の子は、ヒトの歴史をなぞるように成長します。**まず**

親が「早く寝ろー！」と躍起になったら、子どもは寝ません。
（れーこ）

いわゆる「精神的な」「心理的な」という前置きで相談される方が非常に多いんですが、そのほとんどが寝ていないからなんですね。（成田先生）

は原始人を目指し、その後ゆっくり現代人になっていけばいいんです。

――それに関連して、先生は子どもの脳の発達についても書かれていますね？

成田　脳には発達する順番があります。0～5歳の間には、「からだの脳」が育ちます。起きる、食べる、寝る、体を動かすなど生きていくために最低限必要な機能をつかさどる部分です。その後、言葉や知識の獲得に関わる「おりこうさん脳」が1～18歳、感情のコントロールや思考・判断をつかさどる「こころの脳」が、10歳以降に育ちます。

れーこ　原始人の期間＝「からだの脳」が発達する時期なんですね。

成田　そうです。「からだの脳」を育てるには、よく眠り、よく食べる規則正しい生活を繰り返すことが大切です。それで、「寝て、起きて、お腹空いた」ができる脳を作らなくてはいけない。これ、まさに原始人の暮らしですよね。そして、大人になっても、生きるために不可欠なスキルです。

睡眠が足りないと嫌なことをいつまでも覚えている

――先生は、文教大学教育学部の教授でもあります。大学では、たくさんの学生さんを見ておられるんじゃないでしょうか。

成田　大学の保健センター長もやっているんですが、悩みを抱えた学生さんが本当に多いと感じます。休学せざるを得ないほどメンタルの状態が悪くなる子もいっぱいいます。

れーこ　原因は……？

成田　やはり睡眠ですね。原因を掘っていくと、ほぼ例外なく睡眠不足です。

――睡眠の不足が、どういう悪影響を

私も、「縄文人の生活」を目指しています。（れーこ）

及ぼしているんでしょうか？

成田　先ほどお話しした「寝て、起きて、お腹空いた」という原始人の生活スキルが身についていないということですね。**寝ているときは副交感神経が優位**になります。この神経は消化も促しますから、**十分な睡眠をとれば夕食はちゃんと消化されて、朝起きたときに排泄**されます。で、食べ物が体内にない状態ですから、それを本能的に「やばい！」と感じて朝食をガッツリ食べる。それがまた、夜寝ている間に消化される。寝ていれば、このサイクルを繰り返すことができます。

れーこ　トイレは朝なんですね。我が家も朝６時がトイレ渋滞なんです。

成田　それは素晴らしい。人間は基本、朝うんちなんです。そうでないと、便秘になってしまう。学校や会社に行くと、もう交感神経が優位になっていますから、腸の働きが滞っています。原始人の暮らしもそうでしょう。朝にうんちをしないで、狩りの途中なんかにしていたら、マンモスに踏み潰されてしまう（笑）。

れーこ　確かにそうですね。

成田　そういうことも含めて、**「自分の体が動いている」とモニタリング**できるか。それが自立であり、勉強より何より、大切なんです。でも、そのモニタリングができていない学生さんが、今あまりにも多い。

――睡眠はメンタルにも影響するんでしょうか？

成田　大いに影響します。**睡眠を減らすと、脳の中で記憶の処理ができなくなります。**今日あった嫌なことは、人生になんの役にも立たないから海馬（記憶をつかさどる脳の部位）の奥深くにしまおう。その作業を、私たちは睡眠の後半で行っているんです。睡眠時間が短いとこれができなくなってしまうんですね。

れーこ　それは知りませんでした！　ちゃんと寝ないとモヤモヤが続いてしまうんですね。

成田　そうです、そうです。**嫌なことをずっと覚えている。**逆に**睡眠が十分なら、朝起きたらきれいさっぱり忘れている**んです。

――それは年齢に関係なく、ですよね？

成田　もちろんです。小さい子どもも大人も。「アクシス」でも、いわゆる「精神的な」「心理的な」という前置きで相談される方が非常に多いんですが、その**ほとんどが寝ていないから**なんですね。

れーこ　「早寝部」では、早寝を始めてから、**お子さんが風邪をひかなくなった**という声をよくいただきます。保育園からの呼び出しにおびえなくてよくなったと。ママたちは、それが一番嬉しいようです。

成田　それはいいですね。この10年くらいの間に、気管支喘息、アトピー性皮膚炎などの**アレルギー性疾患も、心身症**に分類されるようになりました。それらの発症や悪化の過程には、ストレスや悩みなど心理的な要因が関わっているんですね。で、その**心理的な要因というのは、寝れば解消**します。

れーこ　アレルギーも!

成田　「寝ること」は、太古の昔から動物も人間も獲得している、**最も重要な治癒法**なんですね。

れーこ　先生のお話をうかがって、睡眠の大切さをあらためて感じました。

成田　れーこさんのように、実践している方の言葉は強いですね。幸せに暮らしたいと思うならば、まずは睡眠です。**寝ることはいつでも始められます。**それによって、**今からでも脳は変わります。**

――最後に、早寝ができない、寝かしつけられないなど、睡眠に悩むママに向けて、成田先生からメッセージをいただけますでしょうか?

成田　寝かせようと思ってイライラしながら寝かせるより、**早起きから始めたほうがいい**ですね。今より15~30分早く起床して、なるべくお昼寝はしない。夜、自然な眠気が来たら寝かせる。幼児ならそれで1週間ほどで定着します。大きい子は、**早起きに何かごほうびを付けるといい**と思います。起きられたらゲームしていいよ、とか。そんな感じで焦らずゆっくりやっていくと、だいたい変わっていきます。あとは、**親御さんには、体調を整えて機嫌よく過ごしていただきたい**ですね。**寝ることの幸せを感じてほしい**と思います。

『子どもの隠れた力を引き出す 最高の受験戦略
中学受験から医学部まで突破した科学的な脳育法』

成田奈緒子　朝日新書

早期教育が過熱する現代、よかれと思った教育が子どもを追い詰めているケースは珍しくない。脳科学の正しい知識で育てれば、メディアのあおり文句や周囲の脅しに流されず、子どものペースや性格に合った進路を見つけられる。自身の子育て経験にも基づきながら、中学受験から大学受験まで、長期的な視点で子どものポテンシャルを最大限に引き出す教育法を提案。睡眠の重要性も多く語られている。

第2章

たった 3つの必勝テク 早寝のための

早寝は実は難しくありません！
必ず19時でなければ、というわけでもありません。
共働きやワンオペの家庭でも早寝が叶う、
簡単な3つの方法をお教えします。

Section 1

なぜれーこ家は19時消灯なの?

よる子さん！
落ち着いて
あのね
「19時消灯」は
絶対では
ないんです
ハッ!!
スミマセン
消19

ベストな時間は
家庭によって違います
でも忙しい遅田家でも
早寝が叶うと思いますよ
消19

例えば……
寝る前にしている家事を
料理
夕食
皿洗い
部屋の片付け
就寝
寝たあとに!!
全部子どもが寝たあとに回す
これだけでも
寝る時間は
前倒しできます
今の生活を
少し工夫するだけで
変われる可能性が
あるんですよ
皿洗い
部屋の片付け
短縮!!

ひとまず今よりは
早く寝られそうな気が
してきませんか？
たしかに…!!

ワンオペでも
フルタイムでも
諦めないで！
一緒にベストを
模索しましょう！
灯時

子どもに必要な睡眠時間は？

子どもの理想的な睡眠時間は、年齢によって違います。アメリカ国立睡眠財団が2015年に発表した年齢別の推奨睡眠時間は以下の通りです（＊1）。

生後0〜3ヵ月：14〜17時間
生後4〜11ヵ月：12〜15時間
1〜2歳：11〜14時間
3〜5歳：10〜13時間
6〜13歳：9〜11時間
14〜17歳：8〜10時間

しかし**日本の子どもたちは世界的にみても睡眠時間が短く、寝不足ぎみだと言われています**。17の国と地域を対象に、3歳以下の子どもの睡眠時間の調査が行われ、2010年に発表されました（＊2）。結果は、**日本が最下位！** 日本の乳幼児の睡眠時間は、11時間半強で、最も長いニュージーランドとは1時間半以上の開きがありました。

ですが私はこういった情報を知って、早寝を始めたわけではありません。**我が家の3人の子どもたちの様子を観察し、何度も試行錯誤して19時消灯にたどり着きました。**

早寝を軌道に乗せた当時、6歳の長女は11時間、3歳の次女は12時間の睡眠でした。1歳だった三女は夜12時間、お昼寝で2時間の合計14時間、寝ていました。**子どもが生活しやすい毎日のルーティンを追求した結果、それぞれの年齢の推奨睡眠時間の範囲に自然と入るようになった**のです。

早寝を始める以前、22時に消灯していた頃は、2時間以上も睡眠時間が短い状態でした。ですから、まさに**睡眠不足でイヤイヤや体調不良などさまざまな育児の困りごとが起こっていた**のだと思います。

（＊1） Max Hirshkowitz, et al., "National Sleep Foundation's sleep time duration recommendations:methodology and results summary." *Sleep Health* (2015) Mar;1(1):40-43. doi: 10.1016

（＊2） Jodi A Mindell, et al., "Cross-cultural differences in infant and toddler sleep." *Sleep Med.* (2010) Mar;11(3):274-80. doi: 10.1016

みんなが19時消灯である必要はない

我が家が19時に寝ていることを発信していると、「うちはそんなに早く寝られない」「20時はできるかもしれないけど、19時は無理」といったメッセージをいただくことがあります。おっしゃる通り、**もちろんどの家庭にも「19時消灯」が合っているわけではありません。**

必要な睡眠時間には、個人差があります。我が家の子どもたちよりも短い睡眠時間で十分な子も、たくさんいるはずです。また、必要な睡眠時間は、夜間の睡眠とお昼寝の合計になりますから、同じ年齢だったとしても、お昼寝があるかどうかで違います。

我が家は2歳半ずつ離れた三姉妹なので、必要な睡眠時間がそれぞれ異なります。同じようにきょうだいを育てている家庭では、寝始める時間を変えていることも多いと思います。

ですが私は、**長女には、朝の元気なうちに家庭学習や、ピアノの練習時間を確保してほしい**とも考えていました。そこで、**3人の消灯時間は揃えて、睡眠時間のずれは朝に解消する**ことにしました。つまり長女が一番早く起きて、その後、次女、三女が続きます。そのほうがストレスなく、一日の流れがスムーズになると感じています。

このようにいろいろな条件が重なり、我が家は19時消灯に決めました。我が家のベストが19時だったように、**19時半、20時など、それぞれの家庭に合ったベストな時刻がある**はずです。きょうだい構成や、習い事の有無、両親の働き方でも変わってくるでしょう。まずは、**最適な消灯時間を探ることが、早寝のファーストステップ**なのだと思います。

「子どものベストな就寝・起床時間を見つける方法」は74～81ページです！

共働き、ワンオペでも問題なし！

「フルタイムだから早寝は無理」「ワンオペだから難しい」というご意見をいただくこともあります。確かに親の帰宅時間が遅いと、子どもの早寝が難しくなるかもしれません。帰宅から寝かしつけまでの間に、パパがいるかどうかも影響するでしょう。

ですが、大丈夫！　**フルタイムでもワンオペでも、早寝を諦める必要はありません。**「早寝部」にもフルタイムで共働きのママがたくさん参加していますが、みなさん早寝を叶えています。会社から帰るのが19時を過ぎても、その後1時間で消灯している家庭もあります。ワンオペのほうが楽だというママも多いです。

なぜそんな短時間で消灯できるのか？　理由は簡単。**家事を手抜きしてしまえばいいのです。家事の時間を減らせば、その分確実に消灯時間を早めることができます。**

例えば、夕食作りに30分以上かけているなら、もっと簡単な料理にする。また、寝かしつけ前に食器洗いや片づけをしているなら、それらをすべて寝かしつけ後にする。家事の順番を入れ替えるだけで、今より早い寝かしつけが可能になる場合もあります。さらに時間を短縮したいときには、入浴は朝にしても構いません。

人は、日常のルーティンを変えるのは難しいと考えがちです。でも、とにかく**早寝を優先して、それ以外のことは後回しにしてみましょう。家事は完璧でなくていいのです。**早寝が叶えば家族みんな笑顔になれる。そちらのほうが大事だと思いませんか？

column 01

19時とは消灯時間のこと 子どもの入眠時間は気にしない

我が家は、**毎日19時消灯を目指して**います。消灯時間は決めていますが、**子どもが何時に入眠するかはとくに気にしていません。**15分ほどで寝入ることが多いのですが、日によって30分程度かかることもあります。

入眠時間ではなく、消灯時間の目標を決めていることには理由があります。

大人も寝つくまでに時間がかかる日もあれば、すとんと眠りにつける日もありますよね。子どもも同じように、**入眠をコントロールするのは難しい**と感じたからです。コントロールできないことを目標にしても、うまくいかないことが増え、ついイライラしてしまいます。早寝を始める前の私がその状態でした。

それに対し、消灯は**親がコントロール可能**です。もし目標時刻に間に合わなかったとしても、自身で改善点を見つけてルーティンを変えることもできます。

私自身は、消灯時間の目標を決めてトライアンドエラーを繰り返すようになってから早寝が叶うようになりました。**入眠は子ども自身の課題。親はリズムを整えることはできても、子どもを無理矢理に寝かせることはできない**のです。

4年前の私がそうだったように、子どもの睡眠時間が気になっているならば、「消灯時間」の目標を決めてみてください！　**寝つきを気にするより、ずっと楽に感じる**はずです。

Section 2

必ず早寝成功！
3つの必勝テク！

そう！ 誰でもできるけど一番の必勝テクです
お風呂というビッグイベントを先に終えるだけで余裕が違うし
就寝と入浴の時間が離れていると寝つきも良くなるので30分は時短できます！
2つ目は例えば夕食以降テレビをつけない
えっワンオペの相棒を奪うんですか！

不安に思うでしょ？でもこれ 意外と1週間くらいで慣れちゃいますよ
1週間…
3つ目は早起き起床時間って早寝とすごく関係しています
早寝させたければ早起きから！これも大事な必勝テクです

どれも難しくはないけど早寝に結びつけて考えたことなかった……
ルーティンを変えるって勇気がいるけどこの3つは間違いないです！

必勝テク 1

子どものお風呂は夕食前に

子どもの早寝を叶えるために重要なのが、親が帰宅してから何をどういう順番でこなすか、そのルーティンです。

ポイントはお風呂です。夕食より前にお風呂に入る！　それを守ることが、早寝への一番の近道になります。とくに、親と一緒に入浴する子の場合は、親の帰宅後すぐがおすすめです。

夕食とお風呂の順番を変えるだけで、早く寝られるとは考えにくいかもしれません。ですが私のＩｎｓｔａｇｒａｍアカウントには、この方法によって早寝できるようになったという報告が、毎日のように送られてきます。実際に試した方たちは、およそ30分の時短が叶ったと言います。

夕食前の入浴には、2つの時短効果があります。

まず、子どもとの「お風呂に入る・入らない」のやり取りをなくせること。お風呂を面倒に感じる子どもは多いと思います。誰でも夕食を食べた後にはホッとしたい、ゆっくり一息つきたい気持ちになりますよね。

Instagramでも、帰宅後すぐのお風呂のメリットを紹介。

そうなる前に入浴してしまえば、夕食後から消灯までの動きがスムーズになります。

親も同じです。子どもをお風呂に入れなくてはと思っても、一度座ってしまうとなかなか立ち上がれない。でも、最初に**お風呂というビッグイベントを終えてしまえば、食後に動くことが億劫になっても、寝かしつけまでなんとか走りきれる**はずです。夕食前のお風呂は、寝かしつけまでのハードルを下げる効果もあるのです。

2つ目の時短効果は、**子どもの寝つきが良くなり、寝かしつけにかかる時間が短くなる**ことです。

眠る前に体温が下がると、寝つきが良くなると言われています。しかし、夕食→入浴の順になると、体温が高い状態のまま、お布団に行くことになります。つまり、入眠しにくくなってしまうわけです。この問題を解消するためにも、帰宅後すぐにお風呂に入れることは有効だと思います。

入浴で上がった体温は、夕食準備や食事中、寝る準備の間に徐々に下がっていきます。すると、**寝かしつけの段階では、すーっと眠りへの流れに乗ることができる**のです。

お風呂の後に夕食を食べると、パジャマが汚れる。それが気になってしまうママも多いかもしれません。そういうときには、パジャマの替えを用意しましょう。

「夕食前のお風呂」、これが早寝のための一番の必勝テクです。まずは挑戦してみてください。

子どもがお風呂に入りたがらないときは、空き容器を再利用したおもちゃが有効。お風呂ポスターで自然に地図の勉強も。

必勝テク2

夕食後は
デジタルデトックス

現代の子育ての悩みの1つに、テレビやYouTubeとの付き合い方があると思います。

子どもに、もう少しテレビを観たい、YouTubeを観たいと言われること、ありますよね？　そのせいで夕食のスタートや消灯が遅くなることもあると思います。寝る前のブルーライトは寝つきに影響するとも言われていますし、気になるところです。

もし少しでも早く寝かせたいと考えるなら、**夕食時からはテレビを消す、YouTubeを観ないというルールにすると、早寝に一歩近づく**はずです。

家庭内のルールを変えることには、不安を感じるかもしれません。しかし、**子どもは大人が思っている以上に柔軟です。子どもの早寝を叶えるためにも、勇気を出して新しいルールを提案してみてください。**初めは抵抗するかもしれませんが、1週間ほどで子どもも慣れてくれるはずです。

また、スマートフォンやタブレットの光以上に、**リビングの照明が眠りに影響**するとも言われています。**帰宅後のリビングは暖色系の灯りが理想**です。光のコントロールをすると、声かけをしなくても、夜であることを子どもに間接的に伝えられます。**夕食後はさらに灯りの数を減らし、家全体の明るさを調整**します。すると、自然に眠りに向かうムードになっていくのです。

電子機器の使用に加え、照明にもぜひ気をつけてみてください。

必勝テク3

早寝のためには早起き！起床は朝6時

3つ目の必勝テクは、**朝6時に起こすことです。早寝をさせたければ、まずは早起きをすることが何より大事**になります。

早寝を始める前の我が家は、私が専業主婦で仕事をしていなかったこともあり、毎朝8時起きでした。当時、幼稚園児だった長女は、8時を過ぎても起きてこない日もありました。私自身も土日はゆっくりと寝ていたいという気持ちがあり、休日はさらに朝寝坊に……。

今振り返ると、これが22時消灯になっていた原因でした。自分でそのリズムを作っていたにもかかわらず、なかなか寝てくれない子どもたちにイライラしながら寝かしつけをしていたのです。

子どもが寝つくのに時間がかかる。そんなときは、毎朝6時に起こしてみてください。**5歳前後でお昼寝がある保育園児なら、5時頃でもいい**と思います。

無理に起こすなんてかわいそうと感じるかもしれませんが、**その必要があるのは早寝が定着するまでです。**我が家がそうだったように、どこかでリセットが必要なのです。

早く寝る習慣がついたら、7時近くまで寝ている日があっても問題ありません。我が家の長女も、冬は7時近くまで寝ていることもあります。それでも19時には自然と眠たくなるようです。

column 02

テレビ・YouTubeを制限すると
自ら読書する子どもに

早寝をすると、単純に子どもの起きている時間が短くなります。その短い時間の中で、**私が我が家の三姉妹に優先してほしいのは、「遊び」と「読書」です。勉強や習い事以上に、この2つを大事にしたい**と考えています。

実のところ我が家は、**長女が生まれたときからYouTubeを観せていません。**一度観せると、「もっと」とぐずられると思い、夫と話し合って決めた方針です。**そもそも習慣がないと、観たいとは思わない**ようです。ですから、必要な情報を検索することはあっても、日常的にはYouTubeを観ずに今日まできています。

一方で、早寝実践前はテレビには制限を設けておらず、起きている間は一日中テレビがついているような状態でした。子どもたちは観たいものがあるわけではなく、無意識に画面を眺めている状態。そんな時間の使い方に私は問題を感じ、**「テレビはお留守番のときだけ」と時間を決める**ことにしました。

現代の子どもたちは、時間を確保することがとても難しくなっています。テレビ、YouTube、ゲーム……。娯楽の選択肢が無限に増えています。親も、そういった遊びを取り上げるのは、友達の話題についていけなくなるかもしれないし、かわいそうだと感じています。しかしこれらを**すべて無制限にOKにすると、子どもの時間が足りなくなります。**結局、本当にやってほしいことには手がつかず、毎日があっという間に過ぎてしまいます。

こういった無駄を避けるために、親は、子どもたちが何をやって何をやらないのか、**優先順位をしっかり考えてあげる必要があります。**子ども自身に選ばせるのも大切ですが、その前に親がある程度、取捨選

択をしておくほうがいいと思います。

我が家では、テレビの時間を制限した効果は絶大でした！　子どもたちは、**テレビを観る代わりに創意工夫して遊ぶようになりました。また、本を読むことも増えました。**「遊び」と「読書」の時間が充実したのです。

デジタルデバイスとの接触を減らすと、**「自分でおもしろいものを探そう」という子どもたちの知的好奇心も刺激される**のかもしれません。

もし、子どもに自主的な「遊び」や「読書」をさせたいならば、まずはその時間の確保が必要です。思考停止で長時間、テレビやYouTubeなどを眺めているようであれば、改善の余地ありです！　そのすべてを断たなくても、**何か1つだけ減らせば、時間が生まれます。すると子どもは、本当にやりたいことが少しずつできるようになる**はずです。

制限を設けても子どもは言うことを聞かないのでは、と心配かもしれません。でも、**親の思う以上に早く、子どもは新しいルールに慣れます。**我が家の三姉妹は、数日でテレビを観たがらなくなりました。

Section 3

早寝デビューのために大切なこと

大切なこと１

ママのやり抜く決意が家族を変える！

「ママ、早く寝よう」そう言ってくれる子どもがいれば、子育ては苦労しませんよね（笑）。毎日、寝る間も惜しんで遊びたい。そう思っている子が多いはずです。パパが積極的に子どもを早く寝かせるように動いてくれたら、楽に早寝が叶うかもしれません。しかし、日本の現状では、長時間労働のパパも多いですし、難しいように思います。

要するに、ママがやる気を出して取り組まない限り、子どもの早寝を叶えるのは難しい。**ママが意識を変えるところから、早寝は始まる**のです。

私はInstagramなどで早寝に関する相談を毎日のように受けています。その中で、**早寝が家族に浸透するには順番がある**ということに気がつきました。多くの場合、ママ→子ども→パパの順に伝わっていきます。**最初に、ママの「早寝を必ず叶える！」という強い思い**がある。その決意が子どもに伝わって、早寝のリズムが習慣化する。ママや子どもの様子を見て、パパの意識も変化します。

ママのやり抜く決意が、子どもに、家族全体に、早寝を習慣として定着させるために、最も大切なのです。

まずは、自分自身の意識を早寝最優先に切り替えましょう。**ママのぶれない姿勢を見て、子どももパパも変わっていく**と思います。

大切なこと 2

周りの家庭や他人の育児と比べない！

子育てをしていると、つい周りの家庭や他人の育児が気になりますよね。それで自信を失ったり、焦りを感じたりすると思います。

早寝を始めると、周囲から「早く寝かせすぎて、かわいそう」と言われることもあります。しかし、親の自由を優先しているから、早寝をさせたいわけではありませんよね。何が一番我が子の幸せのためになるか。観察と試行錯誤の結果、たどり着いた答えが早寝なのです。

周りの人は、もちろん悪意があるわけではなく、自分の常識にあてはめて話をします。でも今、目の前にいるのは、我が子という世界にたった一人の存在です。我が子にとって、一番生活しやすい状態を目指す。それだけに集中すれば、ほかの人のことは気にならなくなるはずです。他人は他人です。

この本では、「どの家庭も20時前に寝ましょう」「19時に寝るのが理想です」ということをお伝えしたいわけではありません。あくまでも、我が家のベストが19時消灯であったというだけ。子どもの年齢や人数、性格、帰宅時間、必要な睡眠時間は、それぞれ違います。親の働き方もさまざまで、1つとして同じ家庭はないのです。ご家庭のベストな消灯時間とルーティンを探すことを、第一に考えてみてくださいね。この本がその助けになればと思っています。

大切なこと3

できない理由を探さない！
その途端、何もできなくなる！

「今日は帰宅がいつもより遅いから早寝は難しい」。早寝を始めると、そう感じる日が必ず訪れます。そして就寝時間が遅くなり、「今日は仕方がなかった」と思うのです。私も4年間の早寝生活の中で、このような場面に幾度となく遭遇しました。

人は、できない理由を探し始めた途端、何もできなくなります。つまり、**早寝を継続するには、「できない理由を探さない」ことが大事**なのです。逆に、**「どうやったらできるか」をつねに考える必要がある**のです。

例えば、「今日は帰宅が遅くなるけど、どうしたら早寝できるのか？**いつもは一緒にお風呂に入るけど、子どもだけ洗って、私は寝かしつけ後にゆっくり入浴しよう**」と、いつものルーティンから引き算して、早寝を叶えられる方法を探します。**イレギュラーなことが起こっても、できることは何かを繰り返し考えるようにする**のです。

そうすると、帰宅が遅かったにもかかわらず、消灯はいつもより早くなるという摩訶不思議な現象が起こったりもします（笑）。ここから、さらに早く寝られるヒントを得られることもあります。

早寝を諦めそうになった日は、ぜひ「できない理由を探さない」という言葉を思い出してみてください。

column 03

パパの協力を得るには「やってほしいこと」を明確に

夫婦ともに子どもの早寝が大切だと感じているなら、パパの協力を得るのは簡単かもしれませんね。ですが多くの場合、**パパもママと同じ熱量で早寝に取り組めるようになるには、時間が必要**だと思います。

我が家の夫も、早寝を始めたばかりの頃は、「そこまで早く寝なくてもよくない?」と言っていました。私は残念に感じながらも、**「子どもに早寝をさせたいのは私であって、夫ではない」**と、とらえ直しました。**自分ができることだけに集中する**ようにしたのです。

同時に、私の中には、家事や育児は「察して動いてほしい」という思いもありました。しかし家庭にいる時間が短い夫には、「察する」のは難しいのです。

そこで、**お互いがやっていることを書き出し、家事分担を見える化**しました。そして、私の家事の中から手放せるものを選び、**夫に「やってほしい」とストレートに伝えました。**そこでようやく、夫の協力を得られるようになったのです。

まずは自分自身の思考の整理をして、**やってほしいことをはっきりさせる。お願いしたいことは、具体的にわかりやすく伝える。**これがパパの協力を得るために必要なステップだと思います。

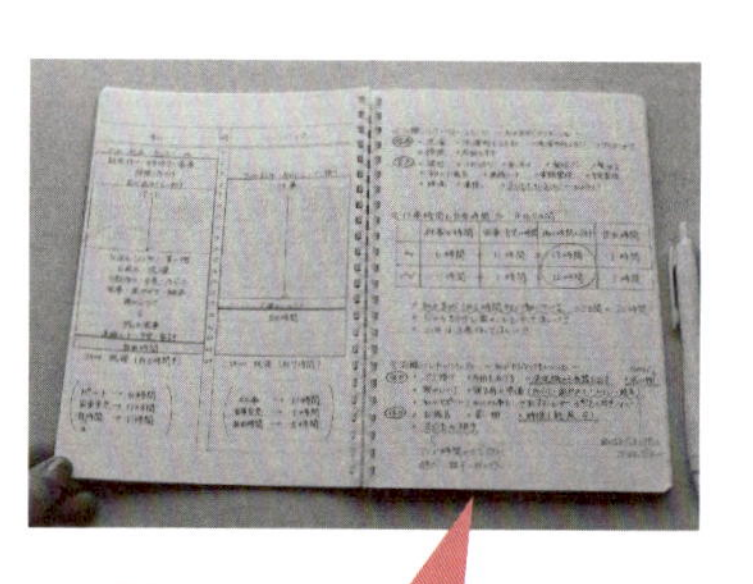

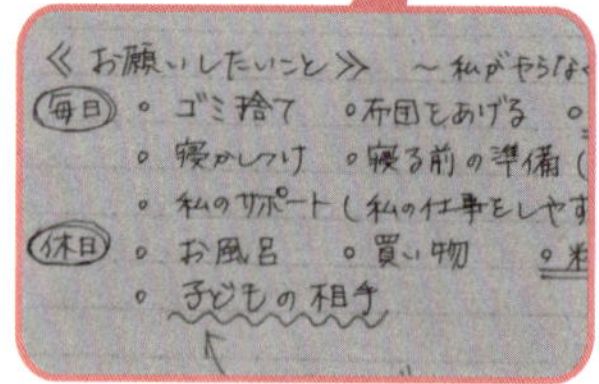

第3章

早寝を極める8つのステップ

第2章の3つの必勝テクで早寝は叶います。
でも、子どもにとって最適な消灯時間や
睡眠時間を知りたいなど、理想的な早寝のルーティンを
さらに追求したい方のために完璧なメソッドをご紹介します。

完璧な早寝を
目指したい方の
ために

Section 1

8つのステップで 理想の早寝が叶う

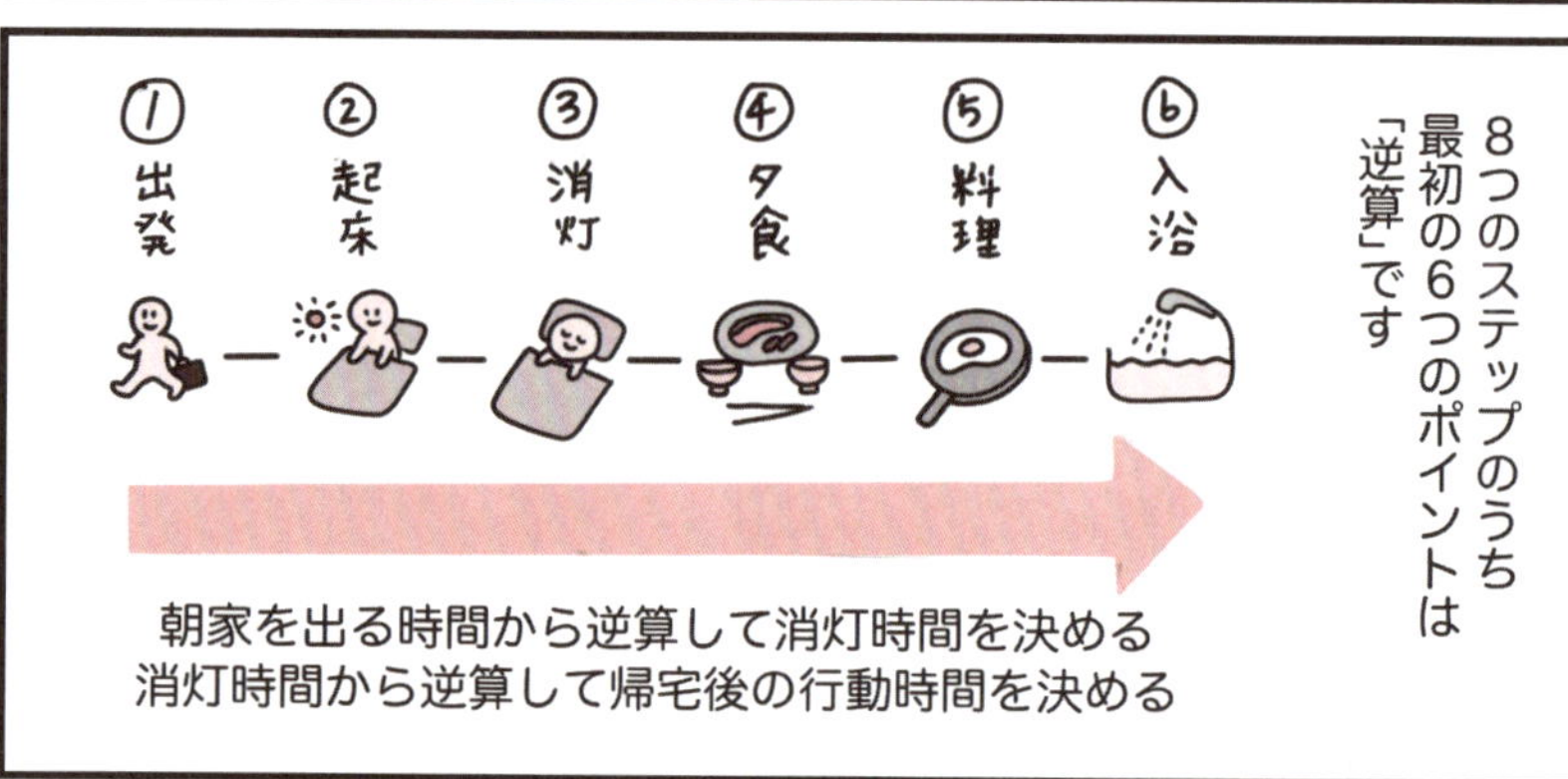

なるほど……
我が家の場合
だらおの出発が
7時45分だから
6時起床だと
理想的です
だらお 小1
10時間寝るとして
逆算すると……
20時消灯が目標になる
ってことですか？
そうそう！
帰宅後の行動時間も
その調子で
逆算してみて！
※10時間…
小学生の理想の睡眠時間
（第2章参照）

そうすると
お風呂が17時半なら
目標がかな……
…って私18時帰宅
なんですけど！
無理じゃないですか
大丈夫です！
省ける家事や習慣が
隠れてますから！
そこを探すのが
ステップ7！

紙に書き出して
整理しながら
トライアンドエラーを
繰り返しましょう
これがステップ8!!
このステップに
沿っていけば
理想の早寝が
叶いますよ！
可視化
やめること
さがし
逆算

ステップ1

消灯時間の前にこれ！起きてほしい時間を決める

十分な睡眠時間を確保するためには、消灯時間はもちろんですが、**朝、何時に起きるかが一番大切**です。子どもはそれぞれ、決まった登校・登園時間があって、そこに合わせて生活する必要があるからです。

登校・登園時間は、地域や親の働き方によっても異なりますよね。まずは、絶対に起きなくてはいけない時刻（遅刻しないギリギリの時刻）を思い浮かべてください。そこからさらに、**〝理想的な起床時刻〟を考えましょう**。遅刻しないギリギリの時間より1～2時間早い、**バタバタせずに余裕を持って登校・登園できる時間**です。

順天堂大学医学部教授・小林弘幸先生の著書『眠れなくなるほど面白い 図解 自律神経の話』によると、「ゆとりがなく焦った気持ちで一日がスタートすると、交感神経は高いまま、副交感神経は急降下。そして、自律神経のバランスが乱れ、夜はなかなか眠れない状態になる」そうです。**朝の過ごし方が、自律神経の働きを左右する**のですね。また、朝の時間に余裕があると、排便リズムも整うと思います。

まずは、**子どもは何時に起きるのが理想か？ この時間をしっかりと考えることが、早寝を極める上でのスタート地点です。子どももママも余裕を持って準備できる起床時刻を考えてみてください。**未就園児で家庭保育の場合には、6～7時起床を目指してみましょう！

ステップ2

睡眠時間を決める
小学生は10時間、未就学児は11時間を目指す

起きる時間が決まったら、次は睡眠時間を決めます。理想の睡眠時間は年齢によって異なり、小学生の場合には10時間程度、未就学児であれば11時間程度の睡眠が必要だと言われています。もし、現状でこの理想の睡眠時間より少ない場合には、まずはそこを目指してみましょう。

お昼寝がある子の場合には、理想の睡眠時間からお昼寝を引いた時間が、夜の睡眠時間になります。例えば、5歳でお昼寝が1時間であれば、夜間に必要な睡眠時間は10時間。年齢ごとの理想の睡眠時間は、42ページを参考にしてください。

しかし、理想の睡眠時間はあくまで目安です。もっとたくさん眠る子もいますし、季節によっても睡眠時間は変化します。冬は夏よりもたっぷりと寝る傾向があるとも言われます。実際、我が家の長女は10歳ですが、冬になると11時間以上寝る日もあります。我が子にとってベストな睡眠は何時間なのか。それは、早寝を続けながら見つけていきましょう。

まずは、小学生は10時間、未就学児は11時間の睡眠がとれるように消灯します。それで子どもが朝スッキリと起きてくるようになれば、睡眠時間が十分な証拠です。もしまだ自力で起きられない日があれば、消灯時間を早めて、睡眠時間をより長くとるようにしてみてください。

このトライアンドエラーを続けるうちに、我が子にとっての理想の睡眠時間がわかるはずです。

消灯時間を決める

きょうだいは工夫が必要

起床時刻、睡眠時間が確定したら、**次はいよいよ消灯時間**を決めます。

例えば、**小学1年生で6時に起きるならば、10時間の睡眠が理想なので、20時が消灯時間の目標**になります。**保育園に通う5歳児で、お昼寝1時間、朝6時に起きる場合は、やはり理想の消灯時間は20時**です。お昼寝1時間と夜の睡眠10時間で、合計11時間の睡眠がとれます。

この2つの例のようにきょうだいの消灯時間が同じならば、あまり問題はありません。でも我が家の姉妹には、お昼寝なしの5歳児と小学5年生がいます。そのように**歳の離れたきょうだいの場合は、寝かしつけ時間に工夫が必要**になります。

我が家では、**お昼寝がない5歳児（三女）の睡眠時間が一番長いので、その子に合わせて消灯**しています。19時消灯、11時間睡眠、6時起きです。19時消灯にすると、小5の長女は6時前に起きてきます。小2の次女も6時前後の起床。三女は6時半前後に目覚めるという形で、**起床時間でそれぞれ勝手に調整してくれる**のです。

きょうだいを別室で寝かせている家庭では、消灯時間を変えることも可能ですね。そうでない場合は、我が家のように、**一番長く夜間睡眠が必要な子に消灯時間を合わせるのが楽**だと思います。朝にかなり余裕ができますが、疲れている日は、さらにゆっくり眠ることもできます。**この方法なら、誰も寝不足にはならない**と思います。

また、**消灯準備にどれだけ時間がかかるのかも、把握しておく必要が**あります。歯磨きや仕上げ磨き、トイレ、読み聞かせなどの時間です。我が家はおよそ30分。子ども相手なので、いつも同じようにはいきませんが、それでも**この目安があるかないかが、早寝には大きく影響**します。

消灯時刻と消灯準備にかかる時間を決めたら、次は帰宅後のルーティンを考えていきます。

夕食の食事時間を決める
子どもが食事に集中できる工夫も

消灯時間の目標を決めたからといって、早寝が叶うわけではありません。早寝のためには、消灯までの時間の使い方を見直す必要があります。消灯時間までどういうスケジュールで過ごすのか、ルーティンも決めていきましょう。

まずは、夕食の食事時間です。「食事に何分かかるかなんて、日によって違う！」。そう感じるかもしれませんが、おおよそで大丈夫です。

我が家は、だいたい30分くらい。その日の子どものお腹の空き具合や、メニューによって、もう少し短い日も長い日もあります。理想的な食事時間は家庭によって違うと思いますが、平日夜に1時間以上かかる場合には、少し長いように感じます。時間がかかってしまう原因の1つは、子どもが食事に集中できていないことかなと思います。おしゃべりに夢中になってお箸が進まなかったり、好きなものだけを先に食べて完食するのに時間がかかったり。

でも、それらはちょっとした工夫で解消できます。手先がまだ不器用な子どもにとって、お箸で白米を食べるのは大変な作業です。時間がない日はおにぎりにしてあげると、食べるスピードが上がります。子どもにお茶碗とお箸で食べさせるよりも、ママがおにぎりを作るスピードのほうが速いですよね。

また、子どもにとって、「全部食べられたこと」「おかわりできたこと」は食べることへの自信になると、教員時代に学びました。そのため、我が家では夕食は少量ずつ盛るようにしています。気持ち少なめにすると、食べることに意欲的になれるようです。全部食べきれたらおかわりできるように話しておくと、集中して食べてくれます。

そんな工夫をしながら、食事の時間を決定します。すると、消灯時間から逆算して夕食開始の時間が見えてくるので、次はそれに向けて料理の時間を決めていきます。

夕食作りのスタート時間を決める

料理は楽に作れるものでいい

夕食の開始時間が決まったので、今度はそれに間に合うように、**何時から料理を始めればいいのかを考えます。**

私の場合には、**片づけ時間も含めて30分以内に作ることが目標**です。もし、30分を超えそうなときには品数を減らしています。ママは、家族のために何品も作らなければと、つい思いがちですよね。でも、別に夕食の品数を増やさなければいけない理由はないのです。**1品少ないと感じるのであれば、その分、朝食で増やしてあげてもいい**はずです。

ただ、品数を少なくすると、栄養バランスが心配になります。そのときに**おすすめなのが、具沢山のお味噌汁**です。我が家は、毎日必ず夕食で出すようにしています。お味噌汁は、どんな野菜を入れてもたいてい美味しくなります。**生野菜は苦手でも、お味噌汁の具になっていれば食べてくれる子も多い**です。ですので、基本はこのお味噌汁で野菜を摂るようにして、それ以外にメインのおかずが1品。それに、切って出すだけのサラダをプラスすれば、一汁二菜が完成します。我が家はこれが基本。少し寂しいと感じたら、冷や奴や納豆、煮豆など、冷蔵庫から出すだけの副菜や、フルーツを足しています。

もちろん、夕食作りに1時間かけても構いません。ただ、それで寝るのが遅くなるのであれば、本末転倒のように思います。**栄養バランスは考えつつ、楽に作れる料理にして、睡眠時間を増やすほうがベター**ではないでしょうか。

時短のために、ホットクックなどの電気調理器を利用して、朝のうちに仕込んでおくのもいいですよね。まずは、**自分が料理におよそ何分かかるのかを考えてみてください。**それを意識するようになると、料理のスピードも上がっていくと思います。

お風呂のスタート時間を決める
ママは寝かしつけ後の入浴でもOK

消灯時間、食事の時間、料理の時間まで決まれば、**あとはお風呂の時間を設定することでルーティンが確定**します。48〜49ページの「必勝テク1」で紹介したように、お風呂は夕食前に入るのが早寝の必勝法です。

子どもをお風呂に入れるのは、ママにとっては大仕事ですよね。準備段階では、お風呂に連れて行く、服を脱がせる、または脱ぐように声かけする。お風呂に入ったら、子どもを洗う、自分の体を洗う、湯船に浸かる。お風呂から出るようにうながすのも、ママの役目ですね。さらに入浴後には、ワンオペであれば、パジャマを着せる、ドライヤーで髪を乾かすなど、子どもたちの世話をすべてやらなくてはいけません。自分の着替えや肌ケアも、もちろん必要です。**これら全部に何分かかるか。それがお風呂の時間**になります。

お風呂時間が長いと感じたら、自分の入浴を後にすると作業工程が減ります。子どもにとっては、ママが全身洗ったかどうかは関係ないですよね。もし早寝を目指したいのであれば、**ママのお風呂は寝かしつけ後**にしてみましょう。それだけで、一気に時短が叶うはずです。

ここまでのステップで、早寝のためのルーティンが決まりました。しかし、**帰宅時間を考えると実行できないという方もいるはずです。解決方法は次のステップで解説します。**

ステップ 7

帰宅時間から考えると実行不可能！ そんなときは何かをやめる

ここまでのステップで、帰宅から消灯まで実際にかかる時間がわかったと思います。我が家の場合は、お風呂30分、料理30分、食事30分、寝る準備30分。合計2時間が消灯までにかかる時間の目安です。

しかし、**理想の入浴開始時間にどう頑張っても帰宅できない、というママも多いと思います。**早寝は実行不可能なのでしょうか？　そんなことはありません。安心してください！　ここから調整して、理想の消灯時間に間に合わせることができます。

まずは**今、帰宅後から消灯までにやっていることを振り返ってみてください。**日々の生活の中で、無意識に毎日繰り返している習慣があると思います。そして、**その中から〝やめられること〟を探していきます。**基本的には、子どもがやらなければならないこと以外は、すべてそれに当てはまります。**実は〝やめられること〟は意外とたくさんあるのです。**例えば、

- 帰宅後の荷物の片づけ
- お風呂掃除
- 入浴後の脱衣所の片づけ
- 汚れた服の予洗い
- 洗濯物の仕分け
- 食器洗い
- キッチンの掃除
- リビングの片づけ

他にも、ステップ5でご紹介した「夕食の品数を減らす」や、ステップ6で触れた、「ママのお風呂は後回しにする」も、〝やめられること〟です。寝かしつけまでに時間がないのに、これらを無意識にやっているようであれば、一度、手放してみてください。

やめられることは徹底的にやめていくと、最低限必要なルーティンだ

けが残り、帰宅後2時間前後での消灯が可能になります。あと少しだけ時間がほしいという場合には、優先順位の低いものから順に、やめてみてください。**子どもに家庭学習などをさせたい場合には、朝の時間に設定すると学習効率も上がります。**小学校の宿題は、学童にいる間か、帰宅後すぐにやるように決めておくとよいでしょう。

　家事をやめるといっても、寝かしつけ後か朝にやればいいだけのこと。ママ自身のルーティンを変えるだけで、子どもが早く寝られるようになるのです。

　寝かしつけでうっかり寝落ちしてしまう、という不安もあるかもしれません。そんなときは、残った家事は少し早起きして終わらせてもいいし、パパにお願いしてもいいと思います。

　しかし、子どもの睡眠時間だけは、取り戻せません。起きる時間は決まっているので、消灯が遅くなった分だけ睡眠時間は減ってしまうのです。**自分の慣れたルーティンを変えることはとても大変な作業ですが、それが早寝の第一歩**になります。

　ぜひ、**やめられることを探して、徹底的にやめてみてくださいね。**

私が手放した家事の一例、帰宅後の荷物の片づけ。

ステップ8

ノートに書いて見える化！トライアンドエラーを繰り返す

これまでのステップは逆算ばかりで、頭が混乱しているかもしれません。私は、**頭の中を整理するために、「ノートに書き出して見える化する」を実践**しています。ここからは、実際にステップ1〜7をノートに書き出していく方法をお伝えします。

小学1年生の子がいる場合の理想のルーティンを例に考えていきます。学校まで徒歩15分。登校時間8時。ママが働いていて、学童から帰宅するのが18時です。

最初に、**紙とペンを用意します。時計があるとさらに考えやすい**です。では起床時間から始めましょう。下が私のノートの例です。

起床時間 6時

登校が8時なので7時45分には家を出発する必要がある。したがって、7時までに起きないと間に合わない。しかし、それではギリギリすぎるのと、朝に家庭学習をしてもらいたいので、6時くらいには起きてほしい。なので6時が理想の起床時間。

消灯時間 20時

小学1年生の理想の睡眠時間は10時間。起きてほしい時間から逆算すると、20時に寝るのが理想とわかる。

理想

夕食開始時間 18時半
夕食作り開始時間 18時
入浴開始時間 17時半

消灯時間20時から夕食時間、料理の開始時間を逆算すると、17時半からお風呂に入るのが理想。

しかし、学童にお迎えに行くと、ママと子どもの帰宅が18時になるので、**このルーティンは実行不可能。**

実行不可能

あと30分、どこかを短縮する必要がある。

30分の時間捻出

❶夕食作りは朝にする
❷ママの入浴は消灯後＆夕食作りは15分

ステップ7を参考に、自分がやめられること、変えられるルーティンを考える。
これで20時消灯が可能に！

実行可能

ノートに書く目的は、誰かに見せるためではないので、走り書き程度で大丈夫です。

見える化できたら、**次はそのルーティンが実行可能か試してみます。そしてトライアンドエラーを繰り返すことで、自分と家族にとってのベストなルーティンを作っていくのです。**

何にどのくらいの時間がかかるのか、正確に知るためには、**スマホのカメラ機能を使うのがおすすめ**です。家事の写真を撮れば、併せて時間も記録されるので、いちいち書き留める必要がありません。

ぜひ**頭の中で考えている理想のスケジュールを見える化してみてください。**それによって、実行可能でより効率的なルーティンがひらめくはずです！

column 04

30分で夕食を作る
時短テク・前編

早寝を叶えるルーティンを実践する上で、夕食準備を短くすることは重要なポイントです。**私は毎日、夕食を作る時間を30分としています。**ここでは、**私が取り入れている、3つの夕食作り時短テク**を紹介します。

時短テク① 平日夜は和食に固定する

我が家の平日の夕食は、**「ご飯、お味噌汁、主菜、副菜」**という**和定食**です。**和食に固定することで、何を作るか迷う時間が減ります。**

副菜は、切って出すだけで食べられるものも常備しています。

納豆・冷や奴・煮豆・もずく・めかぶ・漬物・サラダ・果物・昨晩の残り物などです。**不足しがちな野菜は、お味噌汁を具沢山にすることで補う**ことが可能です。子どもが苦手な野菜も、お味噌汁に入れれば喜んで食べてくれます。

和食は、胃に負担がかからないメリットもあります。消灯までの時間が短くても、和食であれば胃もたれを感じなくて済むと思います。

時短テク② 作業工程も固定する

私は、**「片づけ→副菜準備→お味噌汁調理→メイン調理→片づけ」**と、**作業工程も固定**しています。キッチンに物が多いと料理がはかどらないので、**お弁当箱などを食洗機に入れてから調理**を始めます。まず副菜です。サラダなどの副菜をお皿に盛り付けたら、**先に食卓に並べて食べ始めてもらいます。**ここまでで約10分です。

次に、お味噌汁の具材を切って鍋で調理。そしてメインの具材を切って、お味噌

ある日の夕食。
具沢山のお味噌汁がついた和定食。

汁と同時に調理していきます。調理しながらご飯をよそい、お味噌汁の完成と同時にご飯も食卓へ。**メインを作りながらキッチンの片づけ**をし、メインの完成で夕食作りが終わります。お味噌汁から約20分、副菜までとの合計で30分です。毎日この流れは同じです。

時短テク❸ メイン料理も固定 調理時間で選ぶ

我が家はメイン料理も基本、以下に絞っています。

肉じゃが・豚バラ大根・生姜焼き・豚丼・肉豆腐・二色丼・親子丼・牛丼・筑前煮・しゃぶしゃぶ・お鍋・焼き魚・煮魚・刺身

この中から、その日の調理にかけられる時間によって、選んでいます。**30分の調理時間がない日、買い物で帰宅が遅くなった日は、お鍋やお刺身。お味噌汁や副菜にいつもより手間がかかる日は、食材を切る回数が少なくて済む、焼き魚や丼物**にしています。

煮物は一般的には時短料理には含まれませんが、煮ている間にキッチンやリビングを片づけることもできるので、私はよく作ります。**煮物なら翌日の副菜にすることも可能なので、帰宅が遅くなる日の前日に作るのもおすすめ**です。

調理や片づけに時間がかかる揚げ物は、平日夜には作りません。我が家では、朝に出したりしています。

素早く作れて胃に負担がかからない和食は、早寝育児との相性抜群です。

Section 2

子どものベストな
就寝・起床時間を見つける方法

なるほど…それは
もう少し観察が必要ですね

①消灯 ： 20:15
②起床 ： 6:00
③起床時の様子
だらお → 3回起こして
やっと目をあけた
ちょろ太 → ずっと泣いている
④起床時の機嫌
だらお → ボーッとしている
ちょろ太 → 最悪

○月×日

理想より
少し早めに消灯して
この4つを
毎日記録してください

しばらく続けると
子どもが自然に目覚め
朝から機嫌のいい日が
増えていきます

1週間後

上の子はいいけど
下の子が……
ねむくなーい!!
何時に消灯しても
結局寝るのに時間が
かかっちゃって……
ゴロゴロ
よる子さん 寝ついた時間は
気にしなくていいです!
「いつも同じ時間に消灯」
このリズムが重要なので!

昼寝がある子は
朝少し早く起こす!
ママも一緒に寝ちゃう!
この2つも効果的です
たとえば
20:00
一緒に寝る
5:00
起こす!
短期間で
結果を出したい人は
土日もリズムを
徹底してください
厳しい……

厳しいって思ったでしょ
ドキ!!
早寝は最初
エネルギーを使うんです
でも徐々に子も親も
楽になるので
信じてください!
一定期間 徹底的に
やるのみよ!
バシィ
ハイッ

少しずつ早く寝かせて、子どもの様子を記録

ここまで、一般的に理想とされる睡眠時間と、ご家庭のルーティンとをすり合わせる方法を紹介してきました。しかし、必要な睡眠の長さには個人差があります。**それぞれの子に合った睡眠時間を知るためには、子どもを観察する必要がある**のです。ここからは、**子どもにとってベストな睡眠時間と消灯・起床時間を見つける方法**を紹介します。

70ページの「ノートに書いて見える化!」と同様、紙とペンを用意してください。132ページからのワークシートに記録することも可能ですので、ぜひご活用ください。

まずは、**理想の消灯時間より少し早めに消灯**します。20時が理想であれば、19時や19時半に寝かせてみます。そして、**その日の消灯時間と次の朝の起床時間をノートに記録**します。しばらく続けると、**子どもは徐々に同じくらいの時間に目覚める**ようになるはずです。**そのときの睡眠の長さが、我が子にとっての理想の睡眠時間**だとわかります。もし、理想の起床時間より早く起きるようになったら、早めにしていた消灯時間を、元の理想の消灯時間に戻して大丈夫です。

起床時の様子も一緒に記録すると、さらに理解が深まります。例えば、子どもが自分で布団から出てこず、起こす必要があれば、「○時に起こした」とメモ。**起床時の機嫌についても、記録**しておきましょう。次第に「自分で目覚めるようになり、朝から機嫌がいい」という記録に変わっていくはずです。

「少し早く寝かせる」のは、休日だけでも大丈夫です。挑戦してみると、想像以上に子どもはたっぷりと寝ることに気がつきます。ここで大切なのは、**「消灯時間」は記録するけれど、「寝ついた時間」は気にしない**ということです。その理由については、78ページで解説します。

ステップ2

起きてほしいと思う時間に機嫌よく起きられた！ そのときの消灯時間をキープ

ステップ1の記録を続けると、**子どもは機嫌よく目覚められる日が増えていきます。**そして、親が起こさなくても自分で起きられるようになっていくはずです。「起きてほしいと思う時間に、機嫌よく起きられる」。この状態が親も子も理想です。**理想的な状態まで来たら、そのときの消灯時間をキープ**しましょう。

反対に、**朝の機嫌が悪かったり、まだ起こす必要があったら、さらに消灯を早める必要**があります。30分ほど消灯を早めて、記録を続けてみてください。そして、**「起きてほしいと思う時間に機嫌よく起きられる」**ようになるまで、少しずつ消灯を早めます。これを繰り返していくと、自然と目覚める、ちょうどいい時間が必ず見つかります。

実は、**同じ方法で私自身の睡眠も見直すことができました。**大人に必要な睡眠時間は7時間程度と言われています。ですが私の場合は、7時間半だったのです。それを知らずに7時間睡眠を目指していたときは、目覚ましなしで起きられませんでした。昼間に眠たくなることも、寝かしつけ中に寝落ちすることもよくありました。しかし、**7時間半睡眠の確保を心がけると、日中の眠気や寝落ちはなくなりました。**

自身の必要な睡眠時間を把握することは、大人にとっても子どもにとっても大切です。**記録は大変ですが、ぜひ親子で挑戦してみてください。**

ステップ3 寝つきは気にせず、消灯時間を継続せよ！

ステップ1でお伝えした通り、子どもに合った消灯時間を見つけるためには、毎日の消灯時間と起床時間を記録することが大切です。Instagramなどで、これを継続している方から、**「消灯は早くなったけれど、寝つくまでに時間がかかる」**というお悩みをいただくことがあります。**私が必ずお伝えするのは、「寝つきは気にせず、今の早めた消灯時間を続けてください」ということ**です。

私自身、子どもを早く寝かせられなかったときに気にしていたのが、子どもの寝つき問題でした。早く布団に入っても、寝かしつけに何時間もかかるのであれば、無駄なことだと思っていたのです。その考えから、ズルズルと消灯時間が遅くなって、最終的には「限界が来れば子どもは寝る」という考え方に行きついてしまったのです。その結果が、22時消灯。寝つきを気にしていると、いつまでもこの負のループから抜けられません。

子どもに必要なのは、正しいリズムを身につけること。それができていない段階で、あれこれやってもうまくはいきません。**毎日同じ時間に寝るというトレーニングが、子どもには必要**なのです。

毎晩、同じ時間の消灯を繰り返すと、徐々に寝つきまでの時間が短くなります。お昼寝がない子は、数日から1週間ほどで新しいリズムに慣れるはずです。

お昼寝がある子の場合は少し工夫が必要ですので、実際に私が取り組んで効果があった方法をご紹介します。

対策1つ目は、朝の起床時間の見直しです。もし朝6時に起きて、夜の寝つきに時間がかかるようであれば、**しばらくの間だけ5時に起こします。**すると、お昼寝のスタートも早くなり、夜も早く寝つきます。保育園に通っている子も、お昼寝時間に寝つけないことが減り、入眠が早くなるはずです。

「5時に起こすなんてかわいそう」と感じるかもしれませんが、**1週間ほどで大丈夫。これは、リズムのリセットだと思ってください**。時差ボケを治すのと同じように、少しだけ無理をしたり、工夫したりする必要があるのです。

お昼寝がある場合の**対策2つ目は、消灯時間にママも一緒に寝てしまう**ことです。これも早く起こすことと同じように、リズムをリセットしてあげる目的があります。ママがリラックスしている状態は、子どもにとっても眠りやすいようです。

私はこれを「戦略的な寝落ち」と名づけて、実践していました。できなかった家事は、朝など後に回しました。**子どもは1週間ほど一緒に寝てあげると、寝つきが変わってきます**。寝る習慣が身につくんですね。**気づくと子どもはそのルーティンに慣れて、ママが一緒に寝なくても自然と寝てくれる**ようになるはずです。

「寝つく時間は気にせず、継続せよ！」。これは、早寝を目指す上で、忘れないでいただきたい言葉です。

私が「戦略的な寝落ち」で後回しにした、食器洗い。

ステップ
4

定着するまで、土日も消灯時間をキープ

ここまでお伝えすると、いつ休むのかと疑問に思うはずです。「土日くらいゆっくりと寝たい」と、感じるかもしれません。でも、**短期間でスムーズに早寝を定着させるためには、土日も同じリズムを継続する必要があります。**理由は、2つあります。

1つ目は、**リズムを戻す作業は、継続以上に大変**だからです。起きるのが1時間遅くなるだけで、すべてのルーティンが後ろ倒しになります。せっかく頑張った数日間がリセットされてしまい、週明けがつらく感じるのです。

もう1つの理由は、**リズムが崩れたその日から、ママのモチベーションが下がってしまう**からです。「乱れる→整える」を繰り返すと、**早寝の定着に時間がかかり、やる気が失せてしまいます。**55ページでお伝えしたように、ママのモチベーションは早寝を叶える上で最も重要です。モチベーションを維持するためにも、一定期間、徹底的に取り組む必要があります。

「一定期間、徹底的に」と表現しましたが、この「一定期間」は、早寝へのコミット具合や子どもの年齢などで変わります。私がオンラインコミュニティーで部長をしている「早寝部」の部員の方々の様子を見ていると、**土日も早寝を徹底している場合は、1ヵ月ほどで早寝が定着**しています。反対に、旅行やイベントなどで遅くなる日もありつつ、早寝に取り組んでいる方は、3ヵ月ほどかかるようです。

どちらがいいかは人それぞれだと思いますが、**短期間でスムーズに早寝を定着させたいのであれば、土日も同じリズムを崩さずに継続**しましょう。

土日も同じリズムを続けることは、子どもに早寝が定着する以外に

もメリットがあります。家族で過ごす休日が、もっと楽しく感じられるようになるのです。

子どもが早く起きるようになると、お出かけも、朝早くから出発できます。朝は、道も空いていますし、電車やバスも混んでいません。早朝から活動を始めれば、お腹が空くのも早いので、早めのランチもできます。11時台ならばだいたい並ばずに入店できますし、食事の提供も速いです。午後の流れも、世の中の動きを先取りできます。

待ち時間が少ない、道が混んでいないなどの状況だと、子育てする身としてはかなりストレスが減りますよね。子どもがぐずったり、泣いたりする心配も軽減され、ゆったりとした休日が過ごせるようになると思います。この体験を何度かすると、もう過去の、早寝早起きをしない暮らしには戻れなくなります。同じ一日なのに、充実感が違います。

早寝をスタートさせるときは、エネルギーを使うと感じるかもしれません。でも同じリズムを繰り返すことは、子どもにとっても親にとっても、心も体も楽なのです。緩やかにずっと継続できる仕組み作りが大切です。それが、子どもにとっての早寝習慣！　ママとパパは、子どもが楽に早寝を続けられるようサポートしてあげましょう。

column 05

早寝で身についた
15分の朝学習

　我が家の子どもたちは、6時前後に起きます。登園・登校までに約2時間あるので、**朝食前に朝学習をしています。時間は約15分間。教員時代に小学生の集中力は15分程度だと感じていたので、それくらいで終わる量に**しています。ドリルのほかに、ピアノの練習、長女はタブレット学習も行っています。その日の分さえ終われば、あとは自由に過ごせるので、集中して取り組んでくれています。

　朝学習を始めるときは、若干の工夫が必要でした。最初に取り組んだのは環境作りです。**ダイニングの横の壁に向かって3台の机と椅子を並べて、学習専用のスペースを設けました。**「この場所で勉強してみる?」と提案すると、子どもたちは「やりたーい!」と大盛り上がり。そして、熱が冷めないうちに市販のドリルを準備。**子どもが率先して「やりたい!」と思える環境を整えたことは、いいきっかけ**になったと思っています。

　その後、**朝学習を継続するために、半年くらいの間は毎朝、隣に座って付き添いました。**続けていくうちに、起きてすぐに一人で始めるようになり、放っておいても大丈夫になりました。今では、私が朝食やお弁当を用意している間に、子どもたちはそれぞれのペースで学習しています。

　付き添いは親も大変かもしれません。ですが、**学習内容がわからないときにすぐに親に質問できることは、子どものやる気につながる**と思います。

第4章

早寝を続けるためのルーティン

ワンオペや共働きの方、
子どもが塾や習い事に通っている方、
さまざまな家庭にあうルーティンの具体例を、
タイプ別でご紹介します。

家事に完璧を求めず、
ママも家族も
みんな幸せに

家事

早寝

Section 1

早寝のためには
家事は手放していい

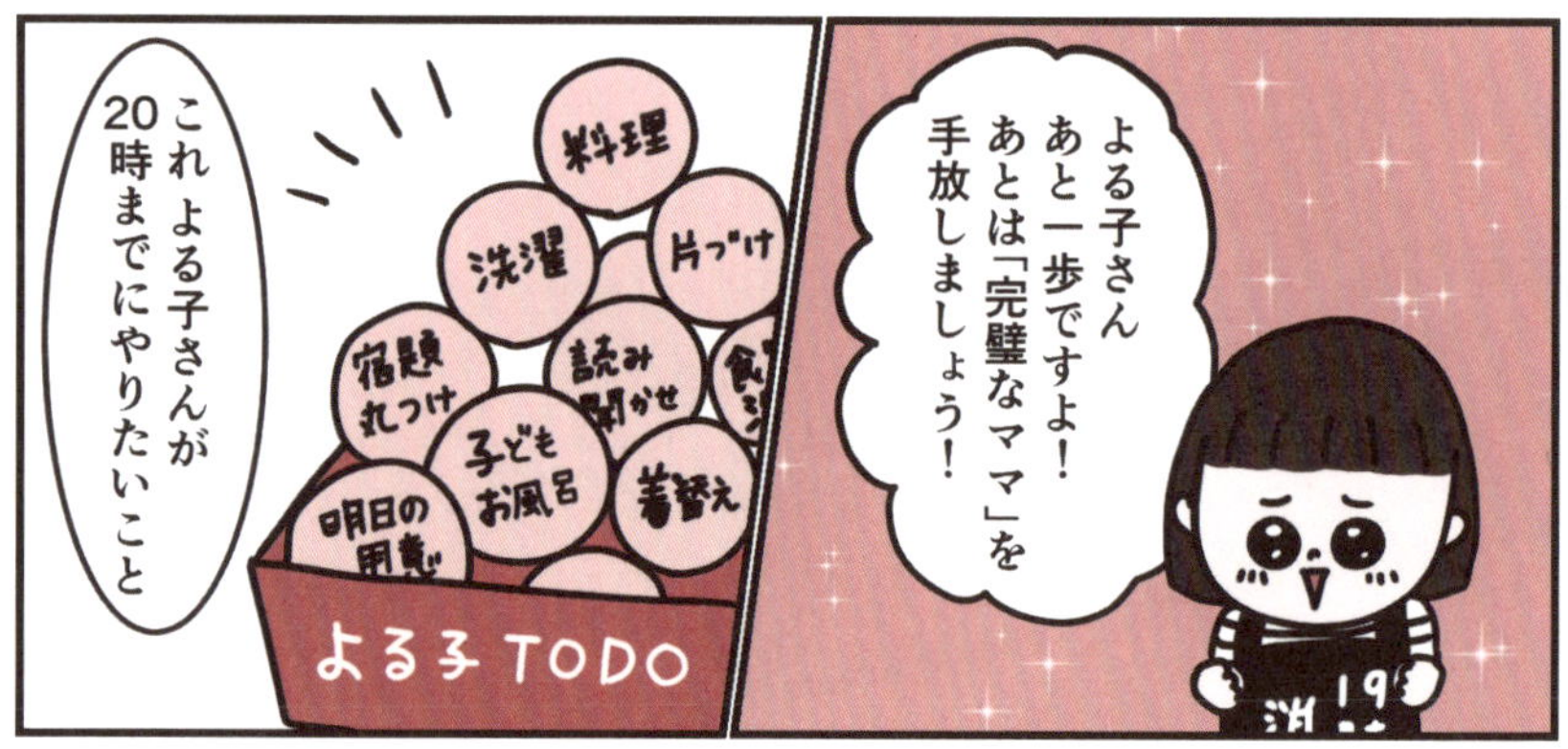

洗い物
あとで
料理
朝にやる
ママのお風呂
あとで
ポイ
ポイ
よる子TODO

早寝のために
今絶対すべきこと以外は
思い切って手放す！
早寝も大事だけど
ママの笑顔だって大切！
これしかなくなった…!!
手放すことを
ネガティブに捉えないで！
よる子TODO

1週間後
これ
読んだら
寝るよー
遅田家いい感じですね！
この章では帰宅時間別の
ルーティンも紹介します
参考にしてくださいね

早寝のためにやめていいこと

「早寝をさせたい気持ちはあるけれど、うまくいかない」「やることが多くて、早寝させられない」……。

早寝に取り組みだすと、このような気持ちになることがあります。それは、今までやっていた家事や育児の内容は変えずに、早寝を叶えようとしているからかもしれません。

しかし、**早寝を実現するためには、何かを「手放す」必要**があります。**やらないことを増やしたり、やっていることを後回しにしたり**すれば、時間は生まれます。**家事をすべて完璧にこなす必要はない**のです。

例えば、**寝かしつけ前にやっていた洗いものや片づけを、寝かしつけ後にやる**のも一つの方法です。もちろん、寝かしつけ前にすべての家事が終わっていたら、楽に違いありません。でもそれは、子どもにとっては関係のないことです。優先順位を変えて、**まずは子どもの早寝を優先。その後で残った家事に手をつける。**それで、問題なく早寝は叶います。

夕食作りも、時間をかけすぎないことが早寝の近道です。平日夜は、具沢山味噌汁などで簡単に栄養が摂れるように工夫をしてみましょう。帰宅から消灯までに時間が取れない場合には、**朝作っておいて、夜は温めて出すだけなど、作るタイミングを変える**のもおすすめです。

さらに、**ママの食事やお風呂を寝かしつけ後にして、子どもと時間を分ける方法もあります。**効率が悪いと感じるかもしれませんが、ママの手が空けば、その分、子どものサポートに回ることができ、寝かしつけ時間は早くなります。

大切なのは、**どの家事を「手放せるか」、または「後回しにできるか」を考える**こと。**子どもにとって楽な方法を見つけると、巡り巡ってママが楽になり、結果的には家族の笑顔が増えていく**のです。

完璧を求めず自分が機嫌よくいることが大切

早寝を優先する際に、**一番大切なのは「完璧を求めない」こと**です。

私自身は約8年間、専業主婦だったこともあり、キッチンや部屋の片づけをしてから子どもを寝かしつけるのが当たり前になっていました。それを手放せずにいた結果が、22時消灯です。

そのときは、「子どもの寝かしつけ以上に家事を優先している」という意識はありませんでした。疑いもせず、いつもの流れを繰り返していました。子どものことを最優先にしたい気持ちはあっても、何をどう頑張ればいいのかが、わからなかったのです。やることが多すぎて、すべてが同じくらい重要に思えてしまって、それらを完璧にクリアしなければならないと考えていました。

しかし、家事が多少手抜きになっても、子どもが癇癪を起こしたり、眠くなってぐずったりすることはありません。食器を洗ってから寝かしつけてもらったほうが、気持ちよく眠れるとか、そんなこともないのです（笑）。**子どもにとってママの家事は、いつやってもらってもいいで**すよね。

子どもの寝かしつけは違います。**子どもの気持ちを大事にしながら、眠くなるタイミングを見計らって行うべき**です。毎日同じ時間に寝かしつけることで習慣になり、寝つきもよくなります。寝かしつけにはベストなタイミングがあるのです。そのタイミングのためには、家事を手放していいのです。

もし以前の私のように、家事をすべて同列に考えているようであれば、一番大切にしたいことにフォーカスしてみてください。すると、**「手放す」＝「手抜き」ではないことがわかると思います。**さまざまな家事を、早寝のために効率よく手放せるようになります。

家事に完璧を求めるのをやめると、ママ自身もできないことにイライラせず、機嫌よく過ごせます。ママの笑顔は、子どもにとって何より嬉しいですよね。

Section 2

ママの帰宅時間別 基本の早寝ルーティン

ワンオペ、共働きの方にも対応したルーティン例です（※）。

※学童に通う小学1年生が、20時に消灯することを想定した例です。

1 無理なく早寝！

帰宅から 2.5時間で消灯コース

今やっていることの順番を変えるだけで、
帰宅後2.5時間で消灯できます。

起床から登校まで

時刻	内容	
6:30	起床→自由遊び／朝学習	ポイント1
7:00	朝食	
7:30	登校準備	
8:00	登校	

帰宅から消灯まで

時刻	内容	
17:30	帰宅 → 入浴	ポイント2
18:15	宿題や明日の準備 自由遊び／夕食作り	ポイント3
18:45	夕食	
19:30	歯磨き・トイレ	ポイント4
19:45	読み聞かせ	
20:00	消灯	

ポイント 1

朝の時間を活用して遊びや学習を

早起きしたら、**子どもが好きなことをできる時間にすると、早寝のモチベーションアップ**につながります。テレビやYouTubeも夜より朝に観るほうが、睡眠への影響も少ないと思います。夜にやっている**家庭学習を朝にするのもおすすめ**です。学習効率が上がりますよ。

ポイント 2

帰宅後すぐの入浴で消灯までスムーズに！

帰宅後2.5時間で消灯を目指すなら、**帰ってすぐのお風呂が必須！**お風呂で温まった体の温度が、寝るまでに徐々に下がっていくので、寝つきがよくなる効果もあります。**食事でパジャマが汚れるのが気になるなら、着替えさせればいいだけ。**食後に子どもをお風呂に入れる大仕事がなければ、消灯までとても楽です。

ポイント 3

時間に余裕があれば、洗濯や玄関の片づけも

お風呂か料理の時間に余裕が出てきたら、**洗濯の準備や玄関の片づけ**などをしましょう（106ページ参照）。家の端から整えるイメージで片づけると、動く範囲が狭くなるので行動がスピーディーになります。**「デジタルデバイスを観るのは夕食前まで」と約束にすると、寝つきがよくなる**のでおすすめです！

ポイント 4

歯磨きのときに余裕があると思うのは危険！

子どもが寝る準備をする間に、**キッチンや部屋のリセットをしたくなりますが、そこは我慢。**子どもはおもちゃをひっくり返したり、きょうだいゲンカを始めたりします。**トイレや歯磨きなどを手伝うと、寝かしつけまでスムーズ**です。夕食後は徐々に灯りの数を減らし、**部屋を暗くして寝るムードを作りましょう。**

2 夕食はフライングで！

帰宅から 2時間で消灯コース

やることは変えずに、夕食作りと子どもの食事時間を
重ねることで30分の時短を目指します。

起床から登校まで

6:30　起床→自由遊び／朝学習

7:00　朝食

7:30　登校準備

8:00　登校

帰宅から消灯まで

18:00　帰宅 → 入浴

18:45　明日の準備／自由遊び（ポイント1）
夕食作り
子どもはフライングで夕食開始（ポイント2）

19:30　歯磨き・トイレ（ポイント3）

19:45　読み聞かせ（ポイント4）

20:00　消灯

ポイント 1

宿題は学童でやる約束に

帰宅後2時間消灯を目指すなら、宿題は学童の時間にやるように約束しましょう。帰宅後は、音読など親がチェックする必要がある宿題のみにすると時短になります。学童に行っていない子は、宿題をやる時間を「遊びに出かける前」や「おやつの前」と約束をして、夕食から消灯まではゆっくりと過ごす時間にしましょう。

ポイント 2

夕食はできたものからどんどん食卓に出す！

帰宅してから2時間以内に、入浴や料理、食事、片づけなどをすべてこなすのは難しいです。スピードアップには限界があるので、「料理」と「食事」の時間を少し重ねるようにします。料理はできたものから出すようにして、子どもにはそれを順に食べてもらいましょう（詳しくは97ページ）。そのとき、苦手なものから出すと食べるスピードも速くなります。

ポイント 3

食後に余裕があれば、どこか1ヵ所リセット

寝る準備を始めるまでに時間があれば、家のどこか1ヵ所を片づけましょう。キッチンや、玄関、リビングなどに決めて整えると、寝かしつけ後が楽になります。お皿洗いや、お風呂掃除、洗濯などでもOKです。ただし、寝る準備の時間を過ぎないよう、時計を気にしながら進めましょう。

ポイント 4

読み聞かせは絶対ではなく時間がある日だけ

寝る前のルーティンに、読み聞かせを組み込んでいる家庭は多いと思います。しかし、それが理由で消灯が遅くなってしまっては、本末転倒ですよね。時間がある日だけと約束し、延長しないように、「一人1冊」など明確な基準を子どもに伝えておきましょう。夜ではなく、朝や休日に読んであげるのもおすすめです。

3 ママのことは後回し！

帰宅から1.5時間で消灯コース

ママは子どもと一緒のお風呂、食事を諦めて、
早寝を目指します。

ポイント 1

お風呂は子どもだけを洗ってすぐ出る

お風呂時間とお風呂後のケアは、**ママ自身に時間がかかる**場合が多いです。子どもと一緒にお風呂に入っているなら、**子どもだけを洗って出る**ようにしましょう。**ママは子どもが寝た後で再度ゆっくり入浴**するのがおすすめです。何度も服を脱ぎ着するのは、面倒に感じるかもしれませんが、子どもを急かすよりずっと楽ですよ。

ポイント 2

ママの食事は後回し！ 子どもの食事のサポートを

子どもとの食事は食べこぼしをふいたりおかわりをよそったり、やることがたくさんありますよね。時間がない日には、**ママ自身の食事は寝かしつけ後にして、子どものサポートに徹しましょう。**子どもと会話を楽しみながら食事を助けてあげれば、**子どももも夕食の時間がより楽しくなるはず**です。

ポイント 3

家事はすべて諦める

夕食の後、いつも通りの家事をこなしたくなりますが、帰宅後1.5時間消灯を目指すなら、**家事は潔く諦めましょう。**寝かしつけ後に家事をするのはおっくうですが、そこは我慢！　**慣れれば、楽に感じる**はずです。子どもと一緒に寝て、**家事は朝に回すのも1つの方法**だと思います。

ポイント 4

ママは消灯後にゆっくり夕食とお風呂

ママの夕食やお風呂は、子どもを寝かしつけた後に回しましょう。自分の時間を過ごしながら、ゆっくり済ませられるので、楽だと思います。**この時間に夕食を作る**方法もあります。**親はできたてを食べ、子どもには翌日に温めるだけ**で出せるので、とても効率的です。

4 お風呂と料理は朝に！

帰宅から1時間で消灯コース

ママの帰宅が遅くても早寝が叶うルーティンです。

起床から登校まで

時刻	内容	
6:00	起床→入浴	ポイント1
6:30	朝食・夕食準備 自由遊び／朝学習	ポイント2
7:00	朝食	
7:30	登校準備	
8:00	登校	

帰宅から消灯まで

時刻	内容	
19:00	帰宅→手洗い・うがい	ポイント3
19:15	夕食	ポイント4
19:45	歯磨き・トイレ	
20:00	消灯	

ポイント 1

お風呂は起きてすぐに

帰宅後に時間がない日は思い切って、翌朝の入浴にしてみてください。寝るときに汗や汚れが気になる場合は、蒸しタオルで体を拭いてあげるといいですよ。朝、お風呂に入ると、その後の一日が気持ちよく過ごせると思います。お風呂の後に、宿題をやることも可能です。

ポイント 2

夕食は朝食と一緒に作る

帰宅から消灯までに時間がないときには、**夕食準備の時間を変えてみましょう。**いつ夕食を作るかは、子どもの生活には関係のないことです。**朝や寝かしつけ後に次の日の夕食を仕込んでもいい**のです。フルタイムでお仕事をされている方は、朝、ホットクックなど電気調理器の予約調理をセットするのもおすすめです。

ポイント 3

帰宅後は手洗い・うがいのみですぐ夕食

入浴は朝に回します。**子どもが手洗い・うがいをしている間に、すぐ食べ始められるものを食卓に準備します。**子どもには、出したものから順に食べてもらいます。手洗い・うがいのタイミングで、パジャマに着替えてもOK。食事でパジャマが汚れるのが心配であれば、歯磨きの時間に着替えるといいでしょう。

ポイント 4

宿題は必ず学童でやる約束にする

帰宅から消灯までの間に宿題をする時間はありません。**宿題は学童でやるという約束をしておきましょう。**もし終わらなかったら、**朝やってもOKです。**朝風呂の後、すっきりした気持ちで取り組めば、帰宅後の疲れている時間より、ずっと効率よく学ぶことができるはずです。

column 06

30分で夕食を作る
時短テク・後編

ここでは第3章のコラムに続き、夕食作りの時短メソッドをご紹介します。

時短テク❹ おかず貯金

「おかず貯金」とは、「夕食の支度と同時に作り置きもする時短法」で、私が勝手に名づけました（笑）。子どもが小さいときに、よく使っていました。

やり方は、一汁二菜を基本として、**一日に1品作る**ようにします。1日目は主菜、2日目は汁物、3日目は副菜を作り、**量はすべて3日分。作ったその日に3分の1を食べて、残りは翌日と翌々日の夕食に出し、3日で食べ切ります。**これをグルグルとローテーションするのです。

おかず貯金の例

1日目：今日作った肉じゃが＋昨日作ったひじきの煮物＋一昨日作ったお味噌汁
2日目：今日作ったお味噌汁＋昨日作った肉じゃが＋一昨日作ったひじきの煮物
3日目：今日作った小松菜のおひたし＋昨日作ったお味噌汁＋一昨日作った肉じゃが

子どもが思いのほかよく食べた日には、貯金が減ったり、なくなったりします。そういうイレギュラーな出来事に対応するために、我が家では、**納豆・冷や奴・煮豆・もずく・めかぶ・漬物など、冷蔵庫から出すだけでいい副菜を常備**しています。

時短テク⑤ コース料理形式

調理の時間が取れないときは、「コース料理形式」にするのがおすすめです。90～91ページのルーティン「帰宅から2時間で消灯コース」でご紹介した「調理の時間と子どもの食事の時間を重ねる」が、この方法です。

なぜ「コース料理」かといえば、料理ができた順に食卓に出すから。まずはサラダなどの副菜を作って、それを子どもに食べ始めてもらいます。その間にお味噌汁を作り、子どもが副菜を食べ終わったら、お味噌汁をご飯と一緒に出します。このとき少し食卓が寂しければ、時短テク④に挙げた、冷蔵庫から出すだけの副菜をプラスします。

ご飯とお味噌汁を食べてもらっている間に、メイン料理を作ります。完成したらすぐに出し、足りないようであればフルーツをプラス。その後ママが食卓に合流しても、子どもと同じくらいのタイミングで食べ終わります。「早く食べなさい！」と急かすことなく、夕食時間を短縮することができます。

サラダから食べ始める子ども。

1 二人で役割分担!

＼パパと協力して／
超効率コース

パパとママで協力して、家事も寝かしつけも同時に進め、1.5時間で消灯を目指します。

起床から登校まで

6:30	起床→自由遊び／朝学習
7:00	朝食
7:30	登校準備
8:00	登校

帰宅から消灯まで

18:30	帰宅→入浴／夕食作り（ポイント1） 宿題・明日の準備（ポイント2）
19:00	夕食（ポイント3）
19:45	歯磨き・トイレ／片づけ（ポイント4）
20:00	消灯

ポイント 1

「夕食作り」と「お風呂」を分担

帰宅後は、**料理とお風呂をパパとママで分担**します。**入浴の間に料理が完成**すれば、子どもはスムーズに、お風呂→夕食と進めるはずです。「二人で分担できるなんて楽♪」と思うかもしれませんが、**案外ワンオペより難しい**です。チームワークを大切に、お互いの協力体制を意識しましょう。

ポイント 2

夕食担当者が宿題をチェック！

音読などチェックが必要な**宿題があれば、お風呂から出てすぐがおすすめ**です。**夕食を作っているほうが、宿題をみてあげましょう。**お風呂担当者は、入浴後はお風呂掃除か洗濯準備、玄関リセットなどを進めると、寝かしつけ後に夫婦でゆっくりできます。**家族全員のWinを目指して**頑張りましょう！

ポイント 3

夕食は家族全員一緒に

このルーティンなら、**家族全員での夕食が可能**です。帰宅後、パパもママもバタバタするので、**夕食時間だけはゆっくり過ごしましょう。**食後、腰が重くなってしまいがちですが、寝かしつけがゴールです。そこまでは二人で協力して、やるべきことを進める意識を持ちましょう。

ポイント 4

「寝かしつけ」と「片づけ」を分担

夕食後は、**どちらかが寝かしつけ、もう一方が食器洗いや部屋の片づけなどを担当**しましょう。自分が先に終わっても、まだOFFになるのは早いです。**終わっていないほうの仕事を手伝ったり、プラスαの家事をする**と不公平感がなくなり、揉めることが減ると思います。

2 夕食は2回！

運動系習い事のある日のコース

習い事後のシャワーを優先したルーティンです。
習い事へは片道30分、
習い事時間は1時間で想定しています。

起床から登校まで

6:30　起床→自由遊び／朝学習

7:00　朝食

7:30　登校準備

8:00　登校

帰宅から消灯まで

16:00　帰宅→宿題・明日の準備
夕食1回目（ポイント1）

17:00　習い事へ

19:00　習い事から帰宅→シャワー（ポイント2）

19:30　夕食2回目（ポイント3）

19:45　歯磨き・トイレ

20:00　消灯（ポイント4）

ポイント 1

夕食は2回に分ける 1回目はおかず中心

運動系の習い事は、終わった後お腹が空くので**夕食を２回に分けます。習い事前は、おかずやお味噌汁などが中心。**習い事後は、おにぎりやパンなど主食メインにすると、食事時間を短くすることができます。２度準備すると思うとおっくうですが、分けると考えれば気が楽ですね。

ポイント 2

習い事から帰宅後は シャワーのみ

早寝を叶えて**睡眠時間を確保するために、帰宅後はシャワーのみ**にします。寝る直前の入浴は体を温めすぎてしまい、寝つきが悪くなるので、**汗を流す程度でサッと済ませる**ようにしましょう。習い事で覚えたことは、睡眠で作業記憶として定着します。たっぷりと寝て、効率よく技術の習得をしましょう。

ポイント 3

2回目の夕食は 主食メイン

２回目の夕食は、１回目に食べなかったおにぎりやパンなど主食を摂る軽食にしましょう。習い事からの帰宅が車なら、**車内で食べるのもいい**と思います。そうすれば、帰宅後はシャワーを浴びて寝るだけになり、さらに時短になります。とにかく**帰ったらすぐ寝ることが大切**です。

ポイント 4

習い事前に食事が 摂れなかったら？

習い事前に時間が取れず、**帰宅後の夕食になったら、コッテリしたメニューは避けましょう。**その後すぐに消灯なので、**胃に負担がかからないものが理想的**です。習い事の日は、**豚汁とおにぎりなどメニューを固定するのも楽**ですよ。食事時間の短縮にもなります。

3 入浴は習い事前！

塾・学習系習い事のある日のコース

塾や習い事に行く前の時間を
最大限活用するルーティンです。

起床から登校まで

6:30 起床→自由遊び／朝学習

7:00 朝食

7:30 登校準備

8:00 登校

帰宅から消灯まで

16:00 帰宅→入浴 （ポイント1）
宿題・明日の準備 （ポイント2）

17:00 習い事へ

19:00 習い事から帰宅→夕食 （ポイント3）

19:45 歯磨き・トイレ

20:00 消灯 （ポイント4）

ポイント 1

お風呂を習い事前にすると楽に！

お風呂は寝る前という意識があるかもしれません。でも、**塾や学習系の汗をかかない習い事であれば、その前に入浴を済ませてしまうと効率的**です。お風呂のタイミングを変えるだけで、帰宅後にやるべきことが１つ減るので、**30分早く寝られるようになる**はずです。

ポイント 2

習い事前にできることはすべてやる

習い事へ行く前に、**宿題や明日の準備も終わらせましょう。**それで時間が余ったら、**１回目の夕食を摂るのもおすすめ**です。その場合は、**おかずやお味噌汁をメイン**にしましょう。習い事後の２回目の夕食には、おにぎりやパンなどの主食を出すと、手軽です。

ポイント 3

胃に負担がかからない食事が理想

２回に分けず、習い事から帰宅後のみに食事を摂る場合は、「運動系習い事のある日のコース」のポイント４と同様、コッテリしたものは避けたほうがいいと思います。**消灯まで時間がないので、胃に負担のかからないメニューにしましょう。**

ポイント 4

疲れていたら、やることは朝に回そう！

お風呂や宿題が終わらなければ、次の日の朝にやることもできます。疲れていたり、帰宅時間が遅かったときは、思い切って翌朝に回しましょう。たっぷり寝た後なら頭もスッキリして、効率よく動くことができます。**習い事で学んだことを記憶するためにも、睡眠をしっかりとることが大切**です。

column 07

休日・長期休暇でも
早寝のリズムは崩さない

SNSやオンラインコミュニティーの「早寝部」では、休日に早寝のリズムが崩れてしまう、というお悩みをよくいただきます。「明日は休みだし、少しくらいゆっくりしてもいいかな」と、金曜日や土曜日に寝るのが遅くなってしまうんですね。そうすると、次の日の起床時間も遅くなる。我が家は、休日も長期休暇中も、生活リズムは基本的に平日と同じです。6時頃に起床して19時に消灯する。この流れは変えません。

休日は、家族でのお出かけであれば、出発時間と食事時間を変えるだけで、早寝は叶います。我が家の生活は、一般的な家庭と比べると1~2時間程度、前倒しです。朝早く出かけるのは得意で、どこかの施設に遊びに行くときは、オープンと同時に入ることを目指しています。開いてすぐなら、たいていは人も少ないので、満足度も高いです。

そして、ランチは11時台から、ディナーは17時からと決めています。レストランやカフェが混雑する時間帯を避けられ、一日を通して待ち時間が少なくなり、短時間のお出かけでも有意義に過ごせます。

れーこ家の ある土曜日

自宅から車で1時間半の博物館へ

6:00 起床→子どもは朝学習とピアノ
大人は身支度と朝食準備

7:00 着替え→出発
朝食はおにぎりを車内で

8:00 パーキングで軽食（おだんごなど）

8:45 博物館到着→広場でひと遊び

⋮

帰りが遅くなる日のパジャマと歯磨きセット。

9:00　博物館入館
展示を楽しみつつ、
合間に昼食のお店をリサーチ

11:00　退館→ランチへ

12:30　移動→公園

15:00　移動→サービスエリア（軽食）
自宅付近まで
移動しながら夕食を決める

17:00　自宅付近にて外食

18:30　帰宅→歯磨き

19:00　消灯（お風呂は翌日の午前中に）

帰宅時間がもっと遅くなるときには、パジャマと歯ブラシも準備して出かけます。途中のサービスエリアで着替えと歯磨きをし、**19時になったら車内で寝始められる**ようにします。そして、家に到着したら、寝ている子どもを抱っこしてお布団まで運ぶ。それで寝かしつけ完了です。

予定のない休日や長期休みも、6時起床、11時に昼食です。早寝を守るためのポイントは2つ。まず**15時のおやつの時間**です。子どもには、**遊んでいるものをそれまでに片づける**ように伝えます。そうすれば、おやつが終わったらすぐに入浴へと進めます。もう一つは**夕食準備**。**17時前になったら私は即座に夕食を作り始めます。**

この2つさえ押さえておけば、休日や長期休みでも、生活リズムが崩れることはありません。結局のところ、**子どもも大人も、普段通りが一番楽に過ごせるのです。**

Section 4

れーこ家のルーティン実例

我が家の現在と、早寝を始めた4年前のルーティンを、できるだけ細かくご紹介します。平日夜は基本ワンオペです。子どもの成長にあわせて時間の使い方を変えて、19時消灯を継続しています。

現在のルーティン

＼帰宅から／
2時間で消灯

起床から登園・登校まで

時間	内容
5:00	長女起床　朝学習&ピアノの練習&読書
6:00	私・次女・三女起床 朝学習&ピアノの練習／朝食&お弁当準備
7:00	朝食→登園・登校準備
7:50	登校
8:00	登園

帰宅から消灯まで

時間	内容
17:00	幼稚園のお迎えから帰宅
17:05	三女を浴室に誘導したら、玄関リセット
17:20	三女より先にお風呂から出て、洗濯準備 長女・次女入浴
17:30	洗濯機を回す&キッチンリセット&夕食作り
18:00	夕食
18:15	子どもより先に食べ終わり、食器を食洗機へ 子どもが食べ終わったタイミングでダイニング消灯
18:40	歯磨き・トイレ キッチンリセット&洗濯物を干す（シワになるものだけ干して、他は乾燥モード） 寝室以外すべて消灯 ロボット掃除機を動かす
18:50	三女読み聞かせ、長女・次女は読書
19:00	寝室消灯

小5、小2、年長の三姉妹と過ごす現在のルーティンです。帰宅が17時半頃になる日は、**私のお風呂や夕食は後にして、子どもの寝かしつけを最優先**にしています。

＼帰宅から／
2.5時間で消灯

子どもが小１・年少・１歳だった４年前のルーティンです。**お風呂時間が毎日１時間近く**かかっていました。**食後の家事は時間に余裕があるときだけにして、消灯時間がきたら諦め**、寝かしつけ後にやっていました。

起床から登園・登校まで

6:30　私・長女・三女起床
長女ピアノの練習／
朝食&お弁当準備

7:00　次女起床・朝食

7:30　登校準備・私の身支度

7:50　長女登校
次女・三女登園準備の手伝い
部屋のリセット

8:00　私・次女・三女出発

帰宅から消灯まで

15:45　三女（保育園）お迎え

16:15　次女（幼稚園）お迎え

16:30　３人を浴室に誘導したら、
玄関リセット
入浴中に汚れた服の予洗い

17:15　三女と私は先にお風呂を出る
洗濯機を回す

17:30　長女は宿題・明日の準備
次女・三女は自由遊び
キッチンリセット
→夕食作り

18:00　夕食

18:15　子どもより先に食べ終わり、食器の片づけ&
食事の補助

18:30　夕食後ダイニング消灯
キッチンリセット&
洗濯物を干す

18:40　歯磨き・トイレ
寝室以外は消灯
ロボット掃除機を動かす

18:50　読み聞かせ

19:00　寝室消灯

Section 5

早寝部参加者のルーティン実例

早寝部には、0歳～中学生の子どもを持つ、さまざまな働き方のママが参加しています。早寝に成功した方のルーティンをご紹介！

夕食は電気調理器で

Aさん

30代／会社員(時短勤務)
長男3歳、長女1歳
(ともに保育園)

夕食は電気調理器を利用し、帰宅と同時に完成するように予約調理をしています。そこにトマトや納豆などを添えるだけなので、**準備時間は５分**くらいです。食後に洗濯物を乾燥機へ。乾燥した衣類の片づけは夫が担当します。

ルーティン

17:30 帰宅→入浴
18:00 着替え・洗濯
18:30 夕食
(電気調理器で予約調理したもの)
19:10 自由遊び
19:25 歯磨き・オムツ替え
19:30 読み聞かせ
19:45 消灯

20時過ぎの帰宅でも早寝

Rさん

30代／看護師
長男6歳、長女4歳
(ともに保育園)

以前は22時消灯でした。**早寝部で「お風呂は朝でもいいのでは」というアドバイスを受け、実行したところ帰宅後20分以内の消灯が可能に！** 夕食は保育園で食べています。消灯後30分程度で入眠しています。

ルーティン

20:10
帰宅→手洗い・着替え
20:17 飲み物を飲む
20:20 寝る準備
20:30 消灯

家事はほぼ寝かしつけ後

Nさん

30代／自営業
長女10歳（小学校）
次女5歳（保育園）

21時半消灯でしたが、**1時間以上早く寝られるように**なりました。**夕食は基本、午前中に作ります。**夜は温めて出すだけか、子どもの入浴中に簡単なものを調理しています。夕食は子どもと一緒に食べますが、**その他のことは寝かしつけ後**にやっています。

ルーティン

18:20　帰宅→入浴（夕食作り）
19:00　夕食
19:30　宿題・自由遊び
20:00　歯磨き・トイレ
20:15　消灯

早寝で自分の持病も改善

Hさん

30代／育休中
長女5歳、長男3歳
（ともに保育園）
次女1歳（自宅保育）

育休中で、上二人は保育園に通っています。**お味噌汁の具と副菜の準備をしてからお迎え**に行き、夕食準備に時間がかからないようにしています。早寝を始めてから、**子どもたちは風邪をひきにくくなり、自分の持病の状態も改善しました。**

ルーティン

16:50　保育園のお迎えから帰宅
17:00　入浴
17:40　夕食
18:30　歯磨き・トイレ
18:45　読み聞かせ
19:00　消灯

column 08

れーこ家の
洗濯ルーティン

我が家では毎日、お風呂の後に洗濯機を回しています。**三女がお風呂で遊んでいる間に私は先に上がり、洗濯の準備を始めます。**衣類やその日に使ったバスタオルを洗濯機に入れたらスイッチオン。

夕食後には洗濯が終わっているので、シワになりやすい衣類だけ取り出して、脱衣所の上の突っ張り棒にかけ、他の衣類はそのまま乾燥モードで乾かします。

寝る前に、乾燥まで完了した洗濯物を取り出して畳みます。**畳んだものは、洗濯機の前に置いてある籠に入れるので、すべて洗濯機の周りでの作業。**移動の必要はありません。ここまで、私の作業時間の合計は約10分です。

ただ、この籠の中のものは、おいおい引き出しやボックスにしまう必要があるのですが……。いつも山積みになってから、大慌てで収納します。根はズボラなので子どもの寝かしつけに関係ないことは後回しにしがちです(笑)。

パジャマと下着は脱衣所に置いてあり、翌日のお風呂上がりにすぐ着られるようにしています。毎日使う**給食セットや幼稚園のタオルなどは、収納せずに玄関にまとめて置く**だけ。次の日に、そこから持ち物を準備することになっています。

畳んだ洗濯物が山積みになった籠。

脱衣所に置かれた、お風呂上がりに着る用のパジャマ。

第5章

早寝Q&A

子どもが寝るのを嫌がるときは?
お昼寝で気をつけることは?
早寝を実践すると、
いろいろな疑問が生まれてくると思います。
これまでSNSや「早寝部」に寄せられた、
よくある質問にれーこが答えます。

こんなときどうする?
みなさんの疑問に答えます

早寝のよくある悩みに、れーこが答えます

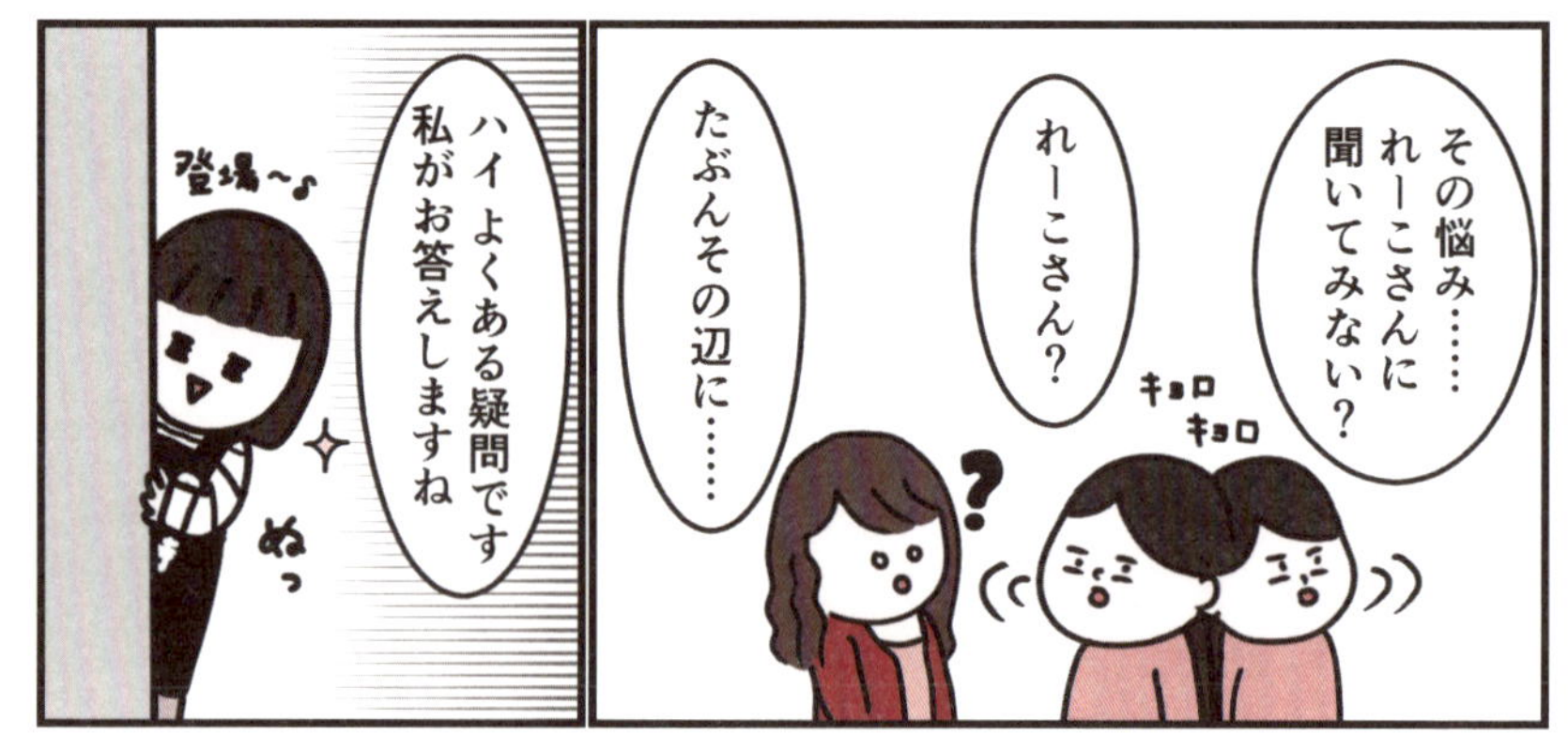

Q 01 早寝させたいと思っているのですが、子どもが寝るのを嫌がります。寝たくないと言われたらどうすればいいでしょうか？

A

お子さんに早寝の大切さを伝えてあげられるといいですね。そのときに、お子さんがメリットを感じられるように、工夫するのがポイントです。例えば、次のような言い方が効果的かもしれません。

「寝ると運動が得意になるよ」「早く寝ると、朝たくさん遊べるよ」

お子さんの年齢や興味に合わせて、一番響きそうな内容を考えてみてください。

そして、お子さんが早寝を嫌がってもあまり気にせず、理想の消灯時間を守り続けましょう。お子さんも早寝を続けるうちに、体や心が楽になることを実感するはずです。「早寝部」のママたちのお子さんも、最初は早寝に抵抗することが多いです。ですが次第に「早く寝たほうが楽だ」と気づき、今では自分から寝室に行くそうです。

ママも「子どもを無理に寝かせるのはかわいそう」と感じるかもしれません。でも、睡眠不足のほうが子どもにとってつらいのです。安心できる環境でぐっすり眠れることは、とても幸せですよね。「お布団、気持ちいいね」と声をかけてあげると、お子さんもよりリラックスして入眠できると思います。

02 現在、子どもは幼稚園生で22時消灯、8時起きです。寝不足の様子はありませんが、同じ睡眠時間でも、早寝早起きのほうがいいのでしょうか？

A 同じ睡眠時間だとしたら遅寝遅起きでもいいのではないか、という気がしますよね。私自身も、早寝を始める前は、同じように考えていました。

小児科専門医で医学博士でもある成田奈緒子先生と、臨床心理士の上岡勇二先生の共書『子どもが幸せになる「正しい睡眠」』に、**「こころの脳を育てるためにも、セロトニン分泌のピークである朝5～7時に太陽を浴びて、視覚から刺激を与える生活をしましょう。**発達中の子どもの脳では、体内時計の機能を強化させるためにも朝日を浴びることが重要です」と書かれています。

セロトニンは幸せホルモンとも呼ばれ、精神を安定させ、幸福感や意欲、気力に影響を与える神経伝達物質です。同じ睡眠時間でも、**セロトニン分泌のピーク時に目覚めたほうが、体にもメンタルにもいい影響がある**のではないかと思います。

朝の時間に余裕をもって、ゆっくりと過ごすことで自律神経の乱れを防げると言われていますし、**早寝早起きにシフトすると、より生活しやすくなるはず**です。

習い事などで、子どもの帰宅が遅くなってしまう日があります。毎日、同じ時間に寝かしつけるか、早く寝られる日は消灯を早めるかで悩んでいます。

A

お子さんの習い事やママの仕事の都合で、毎日同じ時間に寝るのが難しいこともありますよね。42ページにある理想の睡眠時間を目安に、お子さんが十分な睡眠がとれているなら問題ないと思います。しかし、**睡眠不足のようなら、やはり気をつける必要があります。**

最近、**「睡眠負債」**という言葉をよく聞きます。これは、睡眠不足が慢性化して借金のように積み重なった状態を指します。毎日30分、睡眠が不足するだけでも、1週間で合計3時間半になります。たまにまとめて寝るくらいでは、その睡眠不足は解消できません。十分な睡眠がとれない状態が続くと、健康のバランスも少しずつ崩れてしまいます。

ですから、**早く寝られる日は、なるべく早めに消灯することが大切です。**もし習い事でお子さんの帰りが遅くなる日が多いなら、それ以外の日は早寝を守り、睡眠不足にならない工夫をしましょう。週末は夜更かししたいと思うお子さんも多いかもしれませんが、**週末こそ、いつもよりも早く布団に入らせ、たっぷりと睡眠をとらせる**ことをおすすめします。

Q04 家で、子どもがうまくお昼寝できません。そのためか夜の寝つきが悪く、寝かしつけに時間がかかってしまいます。お昼寝で気をつけることはありますか？

A 夜の寝かしつけには、お昼寝の時間が大きく影響します。**お昼寝の長さも重要ですが、時間帯にも注意が必要です。**お昼寝は、1歳前後で2時間半、1歳半前後で2時間、2歳前後で1時間半、3歳前後では1時間程度が目安と言われています。**これよりも長く寝てしまっているなら、途中で起こす必要がある**かもしれません。とくに、**15時以降もお昼寝をしていると、夜の寝つきに影響が出やすく**なります。自然に目覚めないときは、優しく声をかけて起こしてあげましょう。

保育園では、決まった時間に同じ場所で、同じ仲間と一緒にお昼寝しています。最初はなかなか寝ない子どもも、少しずつ慣れていきます。先生たちは、「いつも通り」のリズムを大切にしているのだと思います。

家庭ではワンオペ育児であることも多く、毎日「いつも通り」を続けるのは難しいかもしれません。お昼寝のスケジュールを自由に変えられる良さがありますが、その分、リズムが崩れやすくもなります。**家庭でも「いつも通り」を心がけることが、子どもの生活リズムを整え、早寝を続ける鍵**になります。

Q 05 子どもが保育園でお昼寝をたっぷりしてしまい、20時頃寝かしつけても寝つくのに1時間以上かかります。早寝をさせるのは難しいでしょうか？

A 保育園でお昼寝がある子どもの早寝も、基本的な方法は同じです。大事なのは、**毎日同じ時間に布団に入り、一定のリズムを守る**ことです。

入学前の幼児の理想の睡眠時間は、一日に11時間程度と言われています。保育園でのお昼寝は長くても2時間です。その場合、夜間に必要な睡眠時間は9時間です。20時に寝かしつけを始めて20時半に入眠したとすると、朝は5時半起床になります。まずはこのような早寝早起きを続けてみましょう。

もし、3歳以上のお子さんで3時間より長く昼寝をしているのであれば、夜間の睡眠が足りていないのかもしれません。夜たっぷり寝られるようにしましょう。

それでもうまくいかないと感じるのであれば、週末の過ごし方が原因かもしれません。**土日の間、お昼寝をせずに通常の消灯時間で入眠すると、1〜2時間の睡眠不足**になります。その状態で月曜日に保育園に行くと、お昼寝で睡眠不足を解消しようとして、リズムが崩れることになります。**週末お昼寝をしない場合は、その分早めに消灯する**ように心がけましょう。

06

毎日、子どもの寝かしつけに1時間もかかり、イライラしてしまいます。寝かしつけの時間は、どのくらいが理想ですか？

A 入眠時間には個人差があります。加えて、**日によっても大きく違う**と感じます。お布団に入ったらわりとすんなり寝てくれる日もあれば、疲れているはずなのに寝つくまでに時間がかかる日もあります。朝の目覚め、日中の活動量、コンディション、疲労度、寝る前のテンションなどさまざまなことが影響しているようです。

つまり、**入眠時間はコントロールが難しい**ということです。ですので、まずは**寝つきが悪くなることを排除して、その他は気にしない**ようにしましょう。例えば、寝る前の入浴や大騒ぎをする遊び、デジタルデバイスの使用などを避けます。カフェインも子どもは控えたほうがいいと思います。

親としては、お子さんに5分くらいで寝てほしいと思うかもしれません。ですが、あまりに早く入眠するときは、普段の睡眠が足りていない可能性もあります。やはり**寝つくまでに30分くらいかかることを想定して、焦らずに子どもに寄り添う**ことが大切です。それでも1時間かかってしまう日もあるかもしれませんが、「そんなこともある」と考えるようにしましょう。

Q 07

毎晩のように寝落ちしてしまいます。そのせいで、深夜に起きて、家事をすることになります。寝落ちを防ぐ方法はありますか？

A

私自身も早寝を継続する中で、寝落ちに悩んだ時期があります。しかし最近、**自身の睡眠を見直し、7時間以上しっかり寝る**ことを心がけています。それによって、**寝落ちは一切なくなりました。**朝もスッキリ起きられ、電車で居眠りすることもありません。私の寝落ちの原因は、睡眠不足だったんですね。子どもの早寝には気を配っていたのに、自分の睡眠には無頓着だったのです。

質問者の方も、同じように**睡眠が不足している**のではないでしょうか？　睡眠が足りない状態で深夜に家事をしても、効率は悪くなります。できれば、**寝落ちしてしまった日は、そのまま朝までぐっすり寝ましょう。**早起きして、残った家事を片づければ良いのです。

7時間以上しっかり寝ると、物事に集中できて、充実した一日を過ごせるようになるはずです。**大人も子どもも、睡眠はとても大切**です。**たっぷり寝れば、寝落ちも自然になくなります。**

08 子どもが一旦寝ても、目が覚めて起きてきてしまいます。再び寝かしつけをしなければならなくて困っています。

A

子どもには、親と一緒に寝たいという思いがあります。ですから、親が何か別のことをしていたら気になってしまうのかもしれません。**子どもが起きてきたら、リビングの照明を少し暗くしたり、テレビを消したりして、眠りやすい雰囲気**を作ってあげましょう。

また、そのとき子どもには、**あまりたくさんの言葉をかけない**ほうがいいようです。寝ぼけている状態で話しかけられると、脳が覚醒してしまいます。**言葉を控えめにして、笑顔でアイコンタクトを取りながら、静かに寝室に誘導**してあげましょう。すると、すぐにまた眠ってくれるはずです。

もし**一緒に寝たいと子どもに言われたら、それに従ってしまいましょう。**20時に子どもが寝た場合、22時前後に一度目覚めることが多いようです。そのタイミングで一緒に寝ると、**ママも十分な睡眠時間が確保**できて、一石二鳥です。**子どもとママ、両方のQOL（クオリティ・オブ・ライフ：生活の質）アップ**につながるのだと、前向きに捉えられるといいですね。

Q 09 早寝の結果、子どもが朝5時頃には起きてしまい、つらいです。早く起きすぎる場合の対策はありますか？

A 生活リズムが整ってくると、子どもは**自然と太陽の動きに合わせて起きる**ようになります。我が家の子どもたちは、日の出が早い夏は5時前に起き、反対に冬は7時頃まで寝ていることもあります。

太陽のリズムに逆らうのは、なかなか難しいものです。そこで一番簡単な対策は、**ママも早く寝て、子どもと一緒に早起きを楽しむ**ことです。Q2でも触れていますが、朝の5～7時はセロトニンの分泌がピークを迎える時間帯です。この時間に目覚めることで、子どももママも精神が安定し、幸せな気持ちになれると思います。もしお子さんが5時頃に起きるなら、ママも21～22時頃には寝るようにすると良いでしょう。

他の対策としては、**寝室に入る光を調整**するのも効果的です。子どもは光に敏感です。少しでも光を感じると目が覚めてしまうことがあるので、カーテンの隙間をしっかり閉じるだけでも、もう少し遅くまで寝ているかもしれません。**寝室が東向きなら、朝日が入りづらい西向きの部屋に変える**のも1つの方法です。いずれにせよ、**太陽の影響は非常に大きいので、そのリズムを活かして**上手に対応することがポイントです。

10

子どもが夕食を食べ終えるのに1時間以上かかってしまい、早く寝るのが難しいです。子どもに早く食べさせる方法はありますか?

A

我が家では、子どもたちが楽しく食事に集中できるような工夫をしています。ここでは、3つの方法を紹介します。

第一に、**少量ずつ盛りつける。**子どもはお皿にたくさん盛られると、「全部食べなきゃ」とプレッシャーを感じるようです。**少量を盛り、食べ終わったら「おかわりする?」と声をかけます。**それが「すべて食べられた」という自信につながり、**食事に前向きになれます。**これは小学校の給食でもよく使うテクニックです。

第二に、**食べやすく**する。子どもにとって、お箸でご飯を食べるのは難しい作業です。**おにぎりにしてあげると食べやすく、子どもも喜びます。**お箸の練習は、時間のある朝や休日にゆっくりやれば大丈夫です。

最後に、**「もぐもぐタイム」を作る。**食事の最初の5~10分を「もぐもぐタイム」にして、**おしゃべりせず、食べることに集中**します。「黙って食べなさい」ではなく、「もぐもぐタイムだよ~」と言ったほうが、子どもも楽しく食事できます。この他、もし**テレビを観ながら食べているなら、食事前に消しましょう。**こういった工夫で、子どもの食事スピードも上がると思います。

Q11

目標の消灯時間に間に合わせるため、つい子どもを急かしてしまいます。急かさずうまく誘導したいです。

A

私も早寝を始めたばかりの頃は、つい子どもたちを急かしていました。でも、**思った通りに子どもが動いてくれることは少なく、むしろ逆効果**だと感じました。

4年間早寝を続ける中、いろいろな方法を試しましたが、**最も効果的なのは、まず自分が動く**ことでした。「早く寝る準備をしなさい」と言うのではなく、**ママが率先して寝る準備を始める**のです。ママが食器洗いや片づけをしていると、子どもはまだ寝る時間ではなく、自由時間だと感じてしまいます。寝る準備をさせたいなら、仕上げ磨きやうがい、トイレなどに、**ママも一緒に付き合ってあげる**ことが大切です。

また、「騒ぐのをやめなさい」と言うよりも、**家中の電気を少しずつ消して、自然に寝る雰囲気を作る**といいと思います。子どもがまだ遊び続けていても、**「絵本の読み聞かせするから選んでね」と声をかければ、喜んで動いてくれる**でしょう。急かす代わりに、**どうしたら子どもが自分から動きたくなるかを考えて声をかけてみる**と、スムーズに早寝に向かって進めるはずです。

Q12 パパが早寝に協力的ではありません。どうしたら協力してもらえるようになりますか？

A 睡眠の大切さと子どもにとっての利点を理解しているパパは、日本の家庭では少数派でしょう。パパに早寝に協力してもらうためには、パパ自身にとってのメリットがないと難しいと思います。

現在、我が家の夫は、私がいなくても19時に3人の子どもを寝かしつけてくれる「19時消灯パパ」です（笑）。ですが、早寝を始めたばかりの頃は、その重要性をあまりわかっていませんでした。半年から1年と続けるうちに、ようやく子どもたちの変化に気づくようになりました。さらに、子どもたちを早く寝かせることで、夜に自分の自由な時間ができるというメリットを実感したようです。そうやって、少しずつ早寝に協力的になっていきました。

パパが最初からママと同じ熱量で早寝に取り組むのは難しいかもしれません。しかし、いずれ理解してくれる日が必ず来ます。それまでは、あまり期待しすぎず、気長に待つようにしましょう。どんな状況でも、自分にできることにフォーカスして進めていくことが大事です。

共働きでも、ワンオペでも、ズボラなママでも

大丈夫!

30日で早寝が叶う ワークシート

毎日、簡単に記入するだけ。

れーこの実践的なワンポイントアドバイスも付いています。

早寝の実践に
ワークシートを活用！

記録を続けていくと
早ければ1ヵ月ほどで
早寝が定着します
1〜3ヵ月で定着!!
どんなにゆっくりでも
3ヵ月続ければ
定着します!

睡眠を見直す機会は
一度だけとは限りません
生活リズムが
変わる
タイミングや
入園
入学とか
自分の睡眠を
見直すときにも
使えますよ!
寝不足…

途中で疑問が出てきたら
この本を読み返しましょう!
早寝メソッド

早寝は一日にしてならず
さあやってみましょう!
19時
消灯

ワークシートの使い方

このワークシートは、30日分の早寝実践の記録ができるようになっています。

記入項目は以下の5つだけです。

❶ 今日の起床時間
❷ 今日のお昼寝時間
（お昼寝がある子の場合のみ）
❸ 目標の消灯時間
❹ 今日の消灯時間
❺ 今日の気づき

すべて記入するのが難しい場合は、③、④、⑤だけでも記入しましょう。忘れてしまった部分は、無理に埋める必要はありません。大切なのは、毎日、振り返りを続けることです。

目標の消灯時間に間に合わなかった場合などに、⑤の「今日の気づき」に改善点を書き込みます。ここで重要なのは、「子どもがうまく動いてくれなかった」や「パパが協力してくれなかった」というように他者に原因を求めるのではなく、自分ができることに焦点を当てることです。

例えば、「寝かしつけ前の家事は後回しにして、寝かしつけ後に行う」や「料理に時間をかけすぎたので、明日は30分以内で作る」といった、自分がコントロールできる範囲のことを記入するようにしましょう。

併せて、ワークシートには、早寝を進める中で出てくる課題に対する「ワンポイントアドバイス」も記載されています。それも参考にしながら進めてみましょう。

早寝に挑戦する上で重要なのは、

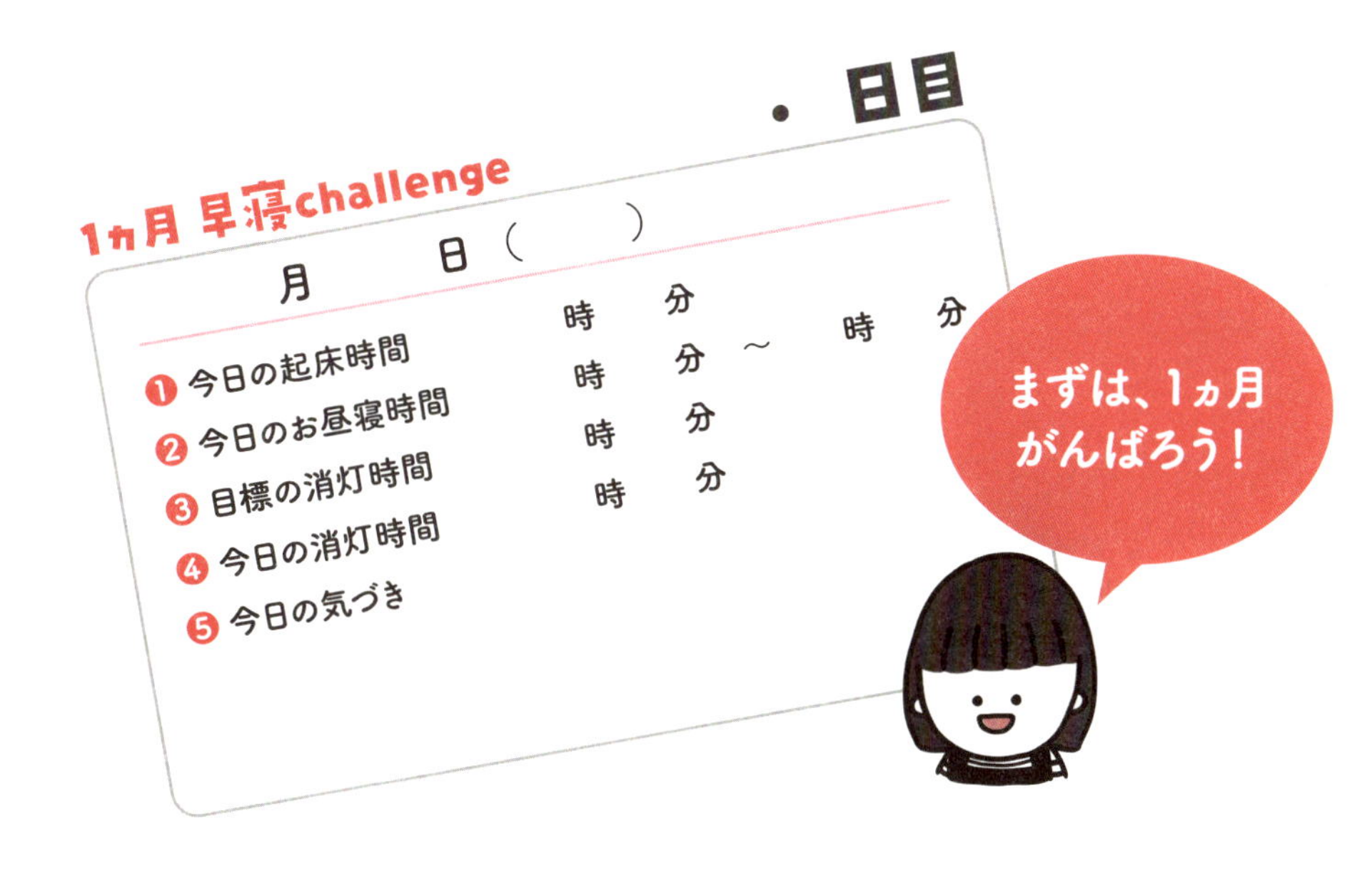

「子どもの様子をよく観察すること」と「自分の行動を振り返ること」です。記録を続けることで、自分の行動を客観的に把握でき、改善点も見つけやすくなります。

記録を続けていくと、早ければ1ヵ月ほどで早寝が定着します。定着までに1ヵ月以上かかることもありますが、その場合は、ワークシートの最後にある「印刷用ページ」を使い、記録を続けましょう。どんなにゆっくりでも、3ヵ月間記録を続ければ、早寝が習慣化されるはずです。

30日で早寝が定着したら、ワークシートの記入を終了しても問題ありません。おそらくその頃には、ワークシートがなくても、自然に子どもの様子や自分の行動を把握できるようになっていると思います。

ワークシートの記入例

※小学１年生の子どもを持つ場合です。

小学生なのでお昼寝はなし。

1ヵ月 早寝challenge

3月 14 日（ 金 ）

❶ 今日の起床時間　6 時 30 分

❷ 今日のお昼寝時間　時　分 ～　時　分

❸ 目標の消灯時間　20 時 00 分

❹ 今日の消灯時間　20 時 30 分

❺ 今日の気づき

朝は、なかなか起きてこないので6時半に起こした。
起きられないということは、睡眠が足りていないのかも？
夕食作りに時間がかかり、食べるのが遅くなった。
明日は、朝のうちに下準備をする！

目標の消灯時間に間に合わなかったので、
改善点などを記入。

忘れたところは記入しなくてOK。

1ヵ月 早寝challenge

3月 15 日（ 土 ）

❶ 今日の起床時間　　時　分
❷ 今日のお昼寝時間　　時　分 ～ 　時　分
❸ 目標の消灯時間　20 時 00 分
❹ 今日の消灯時間　20 時 05 分
❺ 今日の気づき

今朝は、初めて自分で機嫌よく目覚めてきた！ 感動。
朝のうちに夕食の下準備をしたことで、夜はスムーズに
進んだ。消灯前に片づけをして、5分過ぎてしまった。
片づけは後回しにして、目標時間に間に合わせたい。

③、④、⑤は必ず記入。

朝の子どもの変化も記入。
うまくいったことも書けば、
今後の参考、やる気につながる。

1ヵ月 早寝challenge　1・2日目

月　　日（　　）

❶ 今日の起床時間　時　分
❷ 今日のお昼寝時間　時　分 ～ 時　分
❸ 目標の消灯時間　時　分
❹ 今日の消灯時間　時　分
❺ 今日の気づき

月　　日（　　）

❶ 今日の起床時間　時　分
❷ 今日のお昼寝時間　時　分 ～ 時　分
❸ 目標の消灯時間　時　分
❹ 今日の消灯時間　時　分
❺ 今日の気づき

ワンポイントアドバイス

一番やる気がある初日に達成するのが大事！
残りの期間は初日を繰り返すだけの気持ちで、
とにかく達成を目指そう！

1ヵ月 早寝challenge 3・4日目

月　　日（　　）

❶ 今日の起床時間　時　分
❷ 今日のお昼寝時間　時　分 〜 時　分
❸ 目標の消灯時間　時　分
❹ 今日の消灯時間　時　分
❺ 今日の気づき

月　　日（　　）

❶ 今日の起床時間　時　分
❷ 今日のお昼寝時間　時　分 〜 時　分
❸ 目標の消灯時間　時　分
❹ 今日の消灯時間　時　分
❺ 今日の気づき

ワンポイントアドバイス

まずは、必勝テク3つを実行しましょう（46〜51ページ参照）。
実行すれば必ず時短できて、
変化を感じるようになるはずです。

1ヵ月 早寝challenge

5・6日目

月　　日（　　）

❶ 今日の起床時間　時　分

❷ 今日のお昼寝時間　時　分 ～ 時　分

❸ 目標の消灯時間　時　分

❹ 今日の消灯時間　時　分

❺ 今日の気づき

月　　日（　　）

❶ 今日の起床時間　時　分

❷ 今日のお昼寝時間　時　分 ～ 時　分

❸ 目標の消灯時間　時　分

❹ 今日の消灯時間　時　分

❺ 今日の気づき

ワンポイントアドバイス

土日を制する者は、早寝を制す！
いつもよりも1～2時間行動を早くするだけで
早寝が叶いますよ！

1ヵ月 早寝challenge　7・8日目

月　　日（　　）

❶ 今日の起床時間　　時　　分
❷ 今日のお昼寝時間　　時　　分 ～　　時　　分
❸ 目標の消灯時間　　時　　分
❹ 今日の消灯時間　　時　　分
❺ 今日の気づき

月　　日（　　）

❶ 今日の起床時間　　時　　分
❷ 今日のお昼寝時間　　時　　分 ～　　時　　分
❸ 目標の消灯時間　　時　　分
❹ 今日の消灯時間　　時　　分
❺ 今日の気づき

ワンポイントアドバイス

できない理由は探さない！
ママのやる気が一番大事です！
早寝を実行するために自分ができることだけに集中しましょう。

1ヵ月 早寝challenge　9・10日目

月　　日（　　）

❶ 今日の起床時間　　時　　分
❷ 今日のお昼寝時間　　時　　分 ～　　時　　分
❸ 目標の消灯時間　　時　　分
❹ 今日の消灯時間　　時　　分
❺ 今日の気づき

月　　日（　　）

❶ 今日の起床時間　　時　　分
❷ 今日のお昼寝時間　　時　　分 ～　　時　　分
❸ 目標の消灯時間　　時　　分
❹ 今日の消灯時間　　時　　分
❺ 今日の気づき

ワンポイントアドバイス

子どもを急かすのではなく、自分が動くことを意識する！
調理や食事に時間がかかるようであれば、
72～73ページと96～97ページを参考にしてください。

1ヵ月 早寝challenge　11・12日目

月　　日（　　）

❶ 今日の起床時間　時　分
❷ 今日のお昼寝時間　時　分 ～ 時　分
❸ 目標の消灯時間　時　分
❹ 今日の消灯時間　時　分
❺ 今日の気づき

月　　日（　　）

❶ 今日の起床時間　時　分
❷ 今日のお昼寝時間　時　分 ～ 時　分
❸ 目標の消灯時間　時　分
❹ 今日の消灯時間　時　分
❺ 今日の気づき

ワンポイントアドバイス

今週末の計画は決まっていますか？
お出かけのときは、ランチは11時台、
ディナーは17時台がおすすめ！

1ヵ月 早寝challenge　13・14日目

月　　日（　　）

❶ 今日の起床時間　時　分
❷ 今日のお昼寝時間　時　分 〜 時　分
❸ 目標の消灯時間　時　分
❹ 今日の消灯時間　時　分
❺ 今日の気づき

月　　日（　　）

❶ 今日の起床時間　時　分
❷ 今日のお昼寝時間　時　分 〜 時　分
❸ 目標の消灯時間　時　分
❹ 今日の消灯時間　時　分
❺ 今日の気づき

ワンポイントアドバイス

子どものイレギュラーなトイレの時間などで、
消灯時間をオーバーしていませんか？
目標より15分程度、早めの行動を心がけるのがおすすめです。

1ヵ月 早寝challenge 15・16日目

月　　日（　　）

❶ 今日の起床時間　時　分
❷ 今日のお昼寝時間　時　分 ～ 時　分
❸ 目標の消灯時間　時　分
❹ 今日の消灯時間　時　分
❺ 今日の気づき

月　　日（　　）

❶ 今日の起床時間　時　分
❷ 今日のお昼寝時間　時　分 ～ 時　分
❸ 目標の消灯時間　時　分
❹ 今日の消灯時間　時　分
❺ 今日の気づき

ワンポイントアドバイス

目標の消灯時間を見直してもいい時期です。
余裕が出てきたら、
15～30分消灯を早めてみましょう。

1ヵ月 早寝challenge　17・18日目

月　　日（　　）

❶ 今日の起床時間　時　分
❷ 今日のお昼寝時間　時　分 ～ 時　分
❸ 目標の消灯時間　時　分
❹ 今日の消灯時間　時　分
❺ 今日の気づき

月　　日（　　）

❶ 今日の起床時間　時　分
❷ 今日のお昼寝時間　時　分 ～ 時　分
❸ 目標の消灯時間　時　分
❹ 今日の消灯時間　時　分
❺ 今日の気づき

ワンポイントアドバイス

寝つきが悪いことが気になっていませんか？
消灯時間を守ることだけに集中すれば、
いずれ解決していきますよ！

1ヵ月 早寝challenge　19・20日目

月　　日（　　）

❶ 今日の起床時間　　時　　分
❷ 今日のお昼寝時間　　時　　分 〜 　時　　分
❸ 目標の消灯時間　　時　　分
❹ 今日の消灯時間　　時　　分
❺ 今日の気づき

月　　日（　　）

❶ 今日の起床時間　　時　　分
❷ 今日のお昼寝時間　　時　　分 〜 　時　　分
❸ 目標の消灯時間　　時　　分
❹ 今日の消灯時間　　時　　分
❺ 今日の気づき

ワンポイントアドバイス

ママ自身の寝落ちが気になっていたら、それは睡眠不足が
大きな原因です。ママも7〜8時間程度、
布団の中にいると寝落ちは減りますよ！

1ヵ月 早寝challenge　21・22日目

月　　日（　　）

❶ 今日の起床時間　時　分
❷ 今日のお昼寝時間　時　分 ～ 時　分
❸ 目標の消灯時間　時　分
❹ 今日の消灯時間　時　分
❺ 今日の気づき

月　　日（　　）

❶ 今日の起床時間　時　分
❷ 今日のお昼寝時間　時　分 ～ 時　分
❸ 目標の消灯時間　時　分
❹ 今日の消灯時間　時　分
❺ 今日の気づき

ワンポイントアドバイス

3週間が経ちました！　子どもに変化を感じる頃だと思います。
育児が楽になったと感じるかもしれませんが、
それが本来の我が子の姿です。

1ヵ月 早寝challenge 23・24日目

月　　日（　　）

❶ 今日の起床時間　時　分
❷ 今日のお昼寝時間　時　分 ～ 時　分
❸ 目標の消灯時間　時　分
❹ 今日の消灯時間　時　分
❺ 今日の気づき

月　　日（　　）

❶ 今日の起床時間　時　分
❷ 今日のお昼寝時間　時　分 ～ 時　分
❸ 目標の消灯時間　時　分
❹ 今日の消灯時間　時　分
❺ 今日の気づき

ワンポイントアドバイス

パパの意識を変えるのは難しいです。
1ヵ月程度では、理解を得られないかもしれません。
自分ができることに集中しましょう！

1ヵ月 早寝challenge　25・26日目

月　　日（　　）

❶ 今日の起床時間　　時　　分
❷ 今日のお昼寝時間　　時　　分 ～ 　時　　分
❸ 目標の消灯時間　　時　　分
❹ 今日の消灯時間　　時　　分
❺ 今日の気づき

月　　日（　　）

❶ 今日の起床時間　　時　　分
❷ 今日のお昼寝時間　　時　　分 ～ 　時　　分
❸ 目標の消灯時間　　時　　分
❹ 今日の消灯時間　　時　　分
❺ 今日の気づき

ワンポイントアドバイス

イベントなどでリズムが崩れることがあるかもしれません。
遅く寝たとしても、
翌日、いつもと同じくらいの時間に起きれば大丈夫です！

1カ月 早寝challenge　27・28日目

月　　日（　　）

❶ 今日の起床時間　時　分
❷ 今日のお昼寝時間　時　分 〜 時　分
❸ 目標の消灯時間　時　分
❹ 今日の消灯時間　時　分
❺ 今日の気づき

月　　日（　　）

❶ 今日の起床時間　時　分
❷ 今日のお昼寝時間　時　分 〜 時　分
❸ 目標の消灯時間　時　分
❹ 今日の消灯時間　時　分
❺ 今日の気づき

ワンポイントアドバイス

帰宅から消灯に3時間以上かかっている場合には、
早められる可能性があります。
追加でもう1ヵ月間チャレンジを継続してみましょう！

1ヵ月 早寝challenge　29・30日目

月　　　日（　　　）

❶ 今日の起床時間　　時　　分

❷ 今日のお昼寝時間　　時　　分　～　　時　　分

❸ 目標の消灯時間　　時　　分

❹ 今日の消灯時間　　時　　分

❺ 今日の気づき

月　　　日（　　　）

❶ 今日の起床時間　　時　　分

❷ 今日のお昼寝時間　　時　　分　～　　時　　分

❸ 目標の消灯時間　　時　　分

❹ 今日の消灯時間　　時　　分

❺ 今日の気づき

ワンポイントアドバイス

1ヵ月間、お疲れ様でした！
早寝の定着は3ヵ月程度かかる場合もあります。
まだ早寝が定着していないときは、
148～149ページをコピーして継続してみましょう！

1ヵ月 早寝challenge　・　日目

月　日（　）

❶ 今日の起床時間　時　分
❷ 今日のお昼寝時間　時　分 ～ 時　分
❸ 目標の消灯時間　時　分
❹ 今日の消灯時間　時　分
❺ 今日の気づき

月　日（　）

❶ 今日の起床時間　時　分
❷ 今日のお昼寝時間　時　分 ～ 時　分
❸ 目標の消灯時間　時　分
❹ 今日の消灯時間　時　分
❺ 今日の気づき

1ヵ月 早寝challenge　・　日目

月　　日（　　）

❶ 今日の起床時間　　時　　分
❷ 今日のお昼寝時間　　時　　分 ～　　時　　分
❸ 目標の消灯時間　　時　　分
❹ 今日の消灯時間　　時　　分
❺ 今日の気づき

月　　日（　　）

❶ 今日の起床時間　　時　　分
❷ 今日のお昼寝時間　　時　　分 ～　　時　　分
❸ 目標の消灯時間　　時　　分
❹ 今日の消灯時間　　時　　分
❺ 今日の気づき

ワークシートの 振り返りと今後の活用

早寝の習慣は身につきましたか？まだ不安があったり、目標の消灯時間に届かなかったりすることもあるかもしれません。その場合は、ワークシートの最後にある印刷用ページをコピーして、記録を続けてみてください。続けるうちに、記録をしなくても自然に早寝ができるようになる日が来るはずです。

もし記録を続ける中で疑問に感じたことがあれば、本書をもう一度読み返してみてください。早寝に挑戦する前と後では、本の内容の理解度が違うと感じるかもしれません。第5章のQ&Aには、よくある質問をまとめてありますので、参考にしていただけるとうれしいです。

1ヵ月継続するうちに、「もっと早く寝かせられるかもしれない」「もう少し早寝させたほうが子どもが楽になるかも」と感じることもあるでしょう。そのときは、目標の消灯時間を見直し、記録を継続してみましょう。それにより、**子どもの睡眠リズムがさらに整う**はずです。

また、このワークシートは、**睡眠のリズムが乱れたときにも役立ちます。**目標を達成したとしても、子どもが成長するにつれ生活のスケジュールは変わりますし、入園や入学などのタイミングでリズムの見直しが必要になることもあります。そのような際に、再びワークシートを活用してみてください。

そして、子どもの睡眠リズムが整った後、私がそうだったように、**ママ自身の睡眠も見直したいと感じる**かもしれません。その場合にも、起床時間、目標の消灯時間、その日の消灯時間などをメモして振り返ることが役に立ちます。本書のワークシートをそのまま使っていただいても構いません。ぜひ、ご自身の睡眠改善にも取り組んでみてくださいね。

「早寝は一日にしてならず」です。睡眠リズムが崩れても、そのたびに立て直せば問題ありません。**継続することで、さらに良い眠りが手に入ります。**諦めずに早寝を続けていきましょう！

日本中のママたちが
ラクになる早寝育児を広めたい！

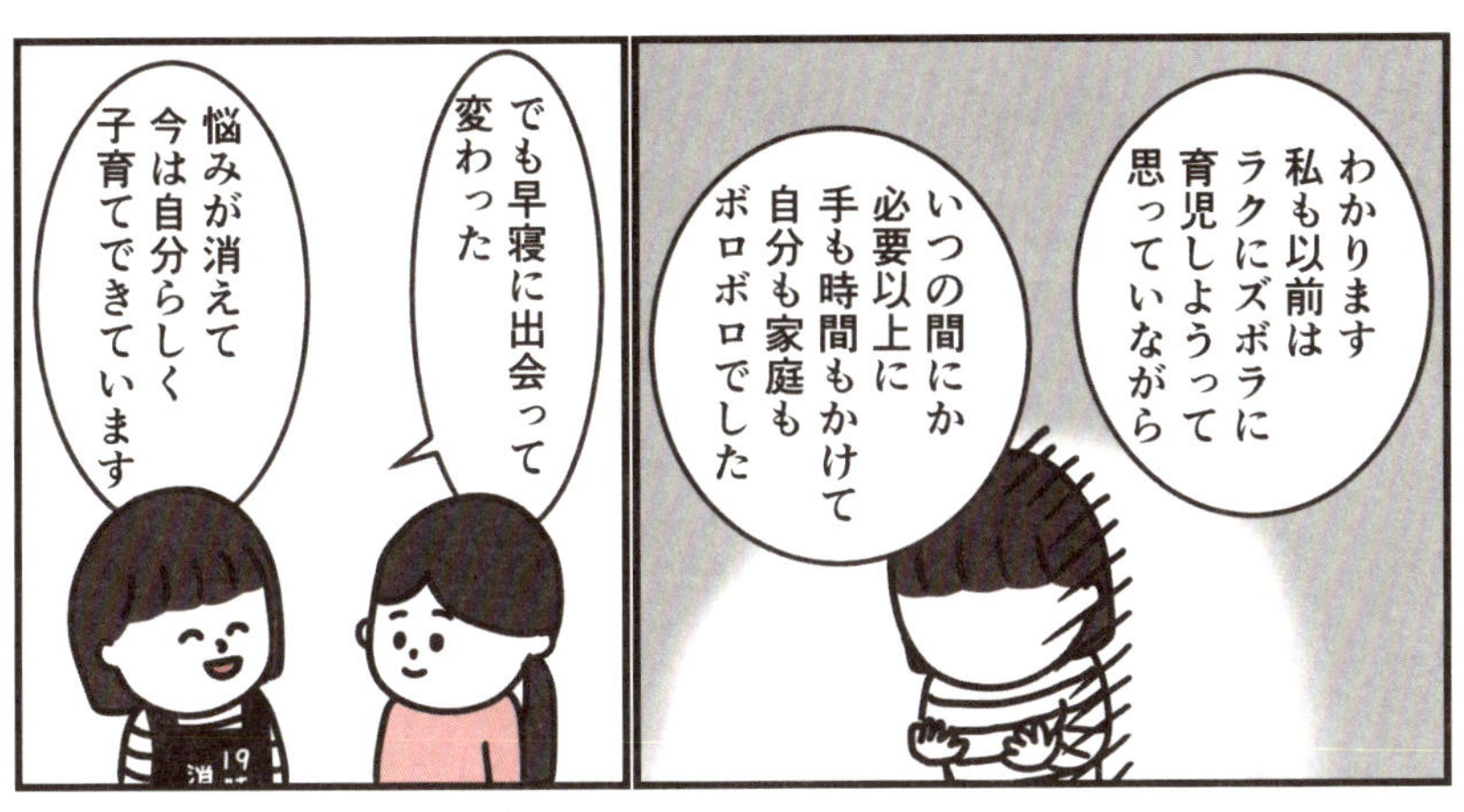
わかります
私も以前は
ラクにズボラに
育児しようって
思っていながら
いつの間にか
必要以上に
手も時間もかけて
自分も家庭も
ボロボロでした
でも早寝に出会って
変わった
悩みが消えて
今は自分らしく
子育てできています

あの子たちも
いつか大人になって
子育てをする時代が
やってきますよね
その頃には
早寝が当たり前になって
日本のママたちが
日本の子育てが
もっとラクになっていたら
いいなと本気で思っています

過去の私や
よる子さんのような
ママたちを減らしたい
その一番早い解決策が
早寝だと確信しています
だから私はこれからも
早寝育児の良さを
広め続けていきますよ!

あとがき

私は、物事がスムーズに進むのが好きで、回り道よりも最短ルートを選びたいタイプです。できれば、楽したいと常に思っています（笑）。

しかし、育児は回り道の連続です。しかも、一見無駄に思えるものこそ、大事だったりします。気を遣うポイントもたくさんあり、子どもの健康や食事、学習、友達関係など、数え出したらキリがありません。そうやって、毎日いろいろなことに対応しているうちに時間が過ぎていきます。

「ズボラに育児しよう」と思っていたのに、気づけばたくさんの時間を費やしていました。

ですが、「早寝」に出会って、大きく変わりました。今まで悩んでいたことのかなりの部分が、実はやらなくてもいいと気づいたのです。子どもを早く寝かせるだけで、悩みが自然と解決され、自分らしい育児ができるようになりました。

今、我が家では、少しのプラスαとして読書や家庭学習も取り入れています。でも、何より大切なのは「睡眠」です。プラスαの部分は各家庭で違うと思いますが、睡眠ファーストに生きることは、最優先事項です。

十分な睡眠は、子どもだけでなく、大人にとっても重要です。人間関係や仕事の悩み、体調不良なども、しっかり寝ることで自然と解消されると思います。もちろん完璧には解決しないこともあるでしょう。しかし、少なくとも本当に向き合うべき問題がクリアになります。

楽に育児をしたい人にこそ、「早寝」が最適です。子どもを早く寝かせることだけに集中すれば、他のことは自然とスムーズに進むようになります。たった一つの習慣に力を入れるだけなので、私のようなズボラな人間でも4年間続けられました。ダイエットや節約、片づけなんかよりも、ずっと継続しやすいです。

あと数年で、私が小学校で受け持っていた教え子たちが子育て世代になります。私たちの世代だけが、子育て期間を乗り越えればいいということではないはずです。我々の子どもたちも、いつかは大人になり、子育てする時代が来る。そしてそれも遠くない未来のことです。

私たちママは、育児をサボりたいわけではありません。「自分らしく子育てしたい」というのが、本当の気持ちです。

育児に困ったときの、その場しのぎではなく、きちんと継続できて、効果がわかりやすい本質的な解決策。それが早寝です。

「早寝って、楽だし最高だよね！」

その言葉を、もっともっと世の中に浸透させたいです。次世代の子育てが今よりもずっと楽に、ハッピーになるように、私たちの世代から「早寝育児」を広めていくことが、これからの日本で、多くのママたちを助ける鍵になると信じています。

最後になりましたが、対談にご協力いただいた成田奈緒子先生、本当にありがとうございました。また、講談社の岡本編集長、編集の松井さん、デザインを担当してくださった古郡さんをはじめDNPメディア・アートと大日本印刷のみなさん、初出版で右も左もわからない私をここまで導いてくださったことに感謝申し上げます。そして、私の中の想いをわかりやすく表現してくださいましたイラストレーター・漫画家の愛田あいさん、本当にありがとうございました！

出版にあたり、背中を押してくださった「G's community」のじママさん、ご協力いただきました「早寝部」の皆さま、関わってくださったすべての方に、心から感謝いたします。発信活動をはじめ、原稿を書いている間も協力し続けてくれた、夫と3人の子どもたちにも感謝です。

この本を手に取ってくださった皆さまへ。ここまでお読みくださり、ありがとうございました。私がいつもVoicyで唱えている、締めの言葉を記して終わりにしたいと思います。ぜひ、一緒に早寝の良さを広めていただけたら嬉しいです。

子どもの睡眠時間をしっかりと確保することは
子どもを楽にして
子どもが楽になれば、ママが楽になり
家庭が楽になれば、学校が楽になり
最終的には、日本の子育てが変わる！

19時消灯ママ　れーこ

19時
消灯

文：19時消灯ママ れーこ

小5、小2、年長の三姉妹の母。小学校教員から専業主婦を経て、現在フリーランス。「子どもの睡眠時間」と「ママの自分時間」を確保することで「家族全員が毎日ご機嫌」が叶うのではないかと考え、4年前から19時消灯を実践。その知見に基づき、19時消灯のための時短術、早寝早起きのメリットなどInstagramやVoicyで発信中。SNS総フォロワー数は約10.5万人。オンラインサロン『G's Community』の「早寝部」でも活動中。

漫画・イラスト：愛田あい

８歳、６歳、３歳の３児のママ。15年務めた専門職を辞し、フリーランスとして活動中。Instagramではママの共感を呼ぶ漫画を発信。Voicyパーソナリティとしても活躍中。SNS総フォロワー数約10.2万人。

装丁・本文デザイン／古郡和子（株式会社DNPメディア・アート）

編集・取材・文／松井美緒

＊本書に掲載した情報はすべて2024年11月現在のものです。

育児の悩みスッキリ解決！　子どもの早寝メソッド

2024年12月16日　第１刷発行

著　者　れーこ
発行者　清田則子
発行所　株式会社 講談社
〒112-8001　東京都文京区音羽 2-12-21
電　話　編集　03-5395-3408
販売　03-5395-5817
業務　03-5395-3615

KODANSHA

印刷所　大日本印刷株式会社
製本所　大口製本印刷株式会社

定価はカバーに表示してあります。
落丁本、乱丁本は購入書店名を明記のうえ、小社業務宛にお送りください。送料小社負担にてお取り替えいたします。なお、この本についてのお問い合わせは、with classチーム宛にお願いいたします。

159p　21cm

 ISBN978-4-06-537316-3